日本語学と通言語的研究との対話

テンス・アスペクト・ムード研究を通して

定延利之 編著

著 小柳智一／渋谷勝己
井上優／アンドレイ・マルチュコフ

くろしお出版

序

定延利之

1. この論文集の背景と目的

　この論文集は，日本語学会の春季大会シンポジウム「日本語のテンス・アスペクト・ムード研究と通言語的研究」(2011年5月28日，神戸大学)を発端としており，問題意識や目的など，多くのものを同シンポジウムから引き継いでいる。

　シンポジウムの問題意識とは，「通言語的な研究文脈の中で，日本語学の成果はどのように位置づけられるのか？」，そして「通言語的な研究の影響を受けながらも，日本語学が独自の魅力を失わず進展し続け，通言語的な研究に有益な成果を提供していくには，どうすればよいのか？」というものであった。そして，それらの答をテンス・アスペクト・ムードに即して，できるだけ具体的な形で示すことがシンポジウムの目的であった。

　なぜ特にテンス・アスペクト・ムードを取り上げるのか？　それはテンス・アスペクト・ムードが，日本語学が特に多くの研究蓄積を誇るテーマの一つでありながら，その成果が日本語学の外部，特に世界のさまざまな言語を見渡す通言語的な研究の文脈に立つと，案外見えにくいと思われるからである。

　いま「思われる」と述べたが，これは定延一人だけの思いではなさそうである。シンポジウム当時，アメリカで研修されていた或るテンス・アスペクト研究者から定延が偶然伺ったのは，「通言語的研究の成果が日本語の歴史的な研究に活かせないだろうか。また，日本語の歴史的な研究成果から，通

言語的研究の方へ発信できないだろうか」という，このシンポジウムの問題意識とほぼ重なることばである．このことは，ご本人の了解を得てシンポジウム冒頭で紹介したとおりである．

2. この論文集の構成

　テンス・アスペクト・ムードに関して日本語学と通言語的な研究との交わりをさぐるために，シンポジウムでは，当該分野に関する第一線の日本語学者にご発表いただき，それらに対する，やはり第一線の言語類型論者のコメントをきっかけに，両者の対話をはかった．

　その際，特に重視したのは，（対話によって得られる知見ももちろんだが）対話それ自体である．個別言語の世界に深く沈潜する「濃い」日本語学と，グローバルに展開する言語類型論とが，かみ合い，双方にとって有意義な対話が可能だとすれば，それはどのように可能なのか——これを聴衆に対して，できるだけわかりやすく具体的な形で示すことが，シンポジウムの問題意識からして必須だと考えたからである．

　シンポジウムから問題意識と目的を引き継ぐこの論文集でも，やはり同様の「対話重視」の姿勢が保持されている．シンポジウムでは，限られた時間の中，パネリスト（日本語学者）とコメンテータ（言語類型論者）の間で何とか2往復のやりとりが実現できたが，そのやりとりはこの論文集でもほぼ再現されている．

　MITのワーキング・ペーパーには，論文に続いて，その論文に対するコメンテータのコメントが載っており，さらにその直後に，そのコメントに対する論者のリプライが載っているという，「論文，コメント，リプライ」型の構成をとっているものがある（たとえばOtsu & Farmer (eds.) 1980）．この論文集はその方式を踏襲しつつ，リプライに対する再コメントを最後に加えて「論文，コメント，リプライ，再コメント」という構成をとり，シンポジウムの2往復のやりとりを再現している．（但し再現とはいっても，フロ

アとのやりとりも踏まえその後の進展も含めて，拡充された形でなされているので，この論文集はシンポジウムの単なる記録ではなくなっているが。）これまでほとんど交わることのなかった2つのコアな研究文脈の貴重な対話を楽しんでいただければ幸いである。

3. この論文集の執筆者

　分野や方法論を異にする研究者どうしの対話は，そもそも対話する研究者が自身の分野や方法論に精通しており，その長所そして短所について高度に自覚的でなければ成立するはずがない。シンポジウムに際して，それぞれの分野の第一線の研究者にお声がけしたのはこのためである。発表をお引き受けくださり，以上の趣旨での論文執筆をご快諾くださった，方言研究の渋谷勝己氏（大阪大学教授），史的研究の小柳智一氏（聖心女子大学准教授），対照研究の井上優氏（麗澤大学教授）に，この場を借りて今一度お礼を申しあげたい。なお，コメンテータであるアンドレイ・マルチュコフ[1]（Andrej L. Malchukov）氏は，多くの読者にとってなじみ深い方というわけでは必ずしもないと思われるため，シンポジウムに企画者（主担当）兼司会として関わった定延利之（神戸大学教授）が，マルチュコフ氏の研究の一端の紹介を兼ねて執筆に加わっているが，氏についての大まかな紹介はここに記しておく。

　コメンテータのマルチュコフ氏（博士）は，レニングラード（現サンクトペテルブルグ）国立大学でゲルマン諸語の文献学と言語学を学ばれた後，ロシア科学アカデミー言語学研究所（サンクトペテルブルグ）に籍を置きつつ，アントワープ大学（2001年），ニーメーゲン大学（2003年，2005年）の研究員，国立国語研究所客員教授（2010年），そして現在はマックス・プランク

---

[1] 氏が初来日された段階で，インターネット上には既に「マルチュコフ」という表記での言及があったので，原音に忠実でない表記ではあるが，ご本人の承諾を得て「マルチュコフ」としている。

進化人類学研究所（ライプツィヒ）で主任研究員を務められている。また，マインツ大学の教授も 2010 年から務めておられる。

　ご専門はツングース系諸語だが，言語類型論の立場から世界の諸言語を幅広く考察され，名詞化・動詞化に関する単著（Malchukov 2004），格や結合価，他動性，二重目的語構文，非人称構文に関する共編著（Kulikov, Malchukov, & Swart（eds.）2006; Malchukov, Malchukov & Spencer（eds.）2009; Haspelmath, & Comrie（eds.）2010; Malchukov & Siewierska（eds.）2011）を矢継ぎ早に出版されており，この論文集のテーマであるテンス・アスペクト・ムード関係についても雑誌 Lingua に論文を発表され（Malchukov & de Hoop 2011），共編著も出されている（Hogeweg, de Hoop, & Malchukov（eds.）2009）。言語学者のインターネット上のコミュニティ"Linguist List"のホームページでは，2011 年の "Linguists of the day" の 1 人に選ばれている（http://linguistlist.org/fund-drive/2011/linguists/AndrejMalchukov.cfm）。

4. 謝辞

　マルチュコフ氏が神戸大学に招聘された 2004 年に定延は氏と知己を得，以来，現在に至るまで交流が続いている。マルチュコフ氏との共著論文（定延・マルチュコフ 2006; Sadanobu & Malchukov 2011）はその中で生まれたものだが，実は執筆の過程で，定延は井上氏や小柳氏にも，マルチュコフ氏との会話に加わっていただいたことがある。その時の記憶は今思い出しても楽しいもので，こういう方々といつかもう少し幅広く密接な会話の場が持てればと思っていた。これらの方々がシンポジウムに関わってくださり，さらに方言研究の権威である渋谷氏をお迎えしてシンポジウムをご一緒し，論文集まで編ませていただけることを大変有難く思っている。

　シンポジウムは震災など諸事情のため開催形態に直前まで不安が残ったが，聴衆は超満員で，多くの方々から好意的なご意見を頂き，大過なく終えることができた。参加してくださった皆様や，大会企画運営委員長の野田尚

史氏，企画段階からご助力くださった企画（副担当）の八亀裕美氏など大会関係者諸氏に改めて感謝申しあげたい。当日の技術的支援を頂いた金田純平氏にもお礼申しあげる。また，この論文集の出版のために多大なご尽力をくださった，くろしお出版編集部の荻原典子氏にも心よりお礼申しあげたい。

付記

　この論文集は日本学術振興会の科学研究費補助金による基盤研究（A）「状況に基づく日本語話しことばの研究と，日本語教育のための基礎資料の作成」（課題番号：23242023，研究代表者：定延利之）の支援を受けている。

言及文献

Hogeweg, Lotte, Helen de Hoop, & Andrej Malchukov (eds.) (2009) *Cross-linguistics semantics of tense, aspect and modality*. Amsterdam; Philadelphia: John Benjamins.

Kulikov, L. I., Andrej L. Malchukov, & Peter de Swart (eds.) (2006) *Case, valency and transitivity*. Amsterdam; Philadelphia: John Benjamins.

Malchukov, Andrej (2004) *Nominalization/verbalization: Constraining a typology of transcategorial operations*. Munchen: Lincom Europa.

Malchukov, Andrej & Helen de Hoop (2011) Tense, aspect, and mood based differential case marking. *Lingua* 121-1, pp. 35–47.

Malchukov, Andrej, Martin Haspelmath, & Bernard Comrie (eds.) (2010) *Studies in ditransitive constructions: A comparative handbook*. Berlin: De Gruyter Mouton.

Malchukov, Andrej & Anna Siewierska (eds.) (2011) *Impersonal constructions: A cross-linguistic perspective*. Amsterdam; Philadelphia: John Benjamins.

Malchukov, Andrej & Andrew Spencer (eds.) (2009) *The Oxford handbook of case*. Oxford; New York: Oxford University Press.

Otsu, Yukio & Ann Farmer (eds.) (1980) *Theoretical issues in Japanese linguistics* (MIT working papers in linguistics, vol. 2). Cambridge, MA: Dept. of Linguistics and Philosophy, Massachusetts Institute of Technology.

定延利之・アンドレイ，マルチュコフ（2006）「エビデンシャリティと現代日本語の「ている」構文」，中川正之・定延利之（編）『言語に現れる「世間」と「世界」』pp. 153–166. 東京：くろしお出版.

Sadanobu, Toshiyuki & Andrej Malchukov (2011) Evidential extension of aspecto-temporal forms in Japanese from a typological perspective. In: Tanja Mortelmans, Jesse Mortelmans,

& Walter De Mulder (eds.) *In the mood for mood* (*Cahier Chronos 23*), pp. 141–158. Amsterdam; New York: Rodopi.

序

アンドレイ・マルチュコフ

　シンポジウムに引き続き論文集に参加させて頂き，日本語のテンス・アスペクト・ムードカテゴリの発展をめぐって渋谷先生，小柳先生，井上先生そして定延先生のご論文に類型論の立場からコメントさせて頂けますこと，大変光栄に思っております。私自身は日本語の研究者ではないのですが（そのためコメントは誤解に基づいたものになってしまう部分もあるかもしれませんがどうかお赦し下さい），それだけに嬉しさもひとしおです。
　はじめに，個別言語の諸問題を解明するのに類型論が役に立ち得るということを説明したいと思います。個々の言語の構造や歴史を知るには，その言語を研究すれば（とりわけ英語，ロシア語，中国語，日本語のように古くから文字を用いてきた言語の場合は）それで十分，というわけではないのです。多くの言語（現在話されている6千の言語のうち圧倒的多数）は文字を使ってこなかったので，文献資料に頼ることができませんが，文字を使ってきた言語の場合も，文字が幅広く古くから使われていたとしても，言語の歴史を証拠づけるには，それだけでは十分でなく，埋めるべき穴があるので，さまざまな言語を通した見方がやはり不可欠になるのです。
　個別言語の研究者が類型論的研究から学べる最も重要なことはおそらく，さまざまな言語を通じてよく見られる現象と，稀な現象を区別するということでしょう。個別言語の研究学徒にとってこの区別は自明のものではありません（特に，研究している言語が自身の母語の場合は）。が，一般的な観点からすればこの区別は重要です。歴史の中で文法構造がどう発展していった

かを追跡しようとする研究者にとっては特に重要です。事実，言語パターン（カテゴリや構文）の中には，通言語的に頻出するものがあります。それらのパターンは（レーマン，ハイネ，バイビーなどが記述しているように）さまざまな言語で，よく知られている文法化の道筋に沿って発展するものです。しかし一方で，言語パターンの中には，特別な条件が満たされた場合にしか現れない稀なものもあります。

　この稀なパターンは大抵，たとえば統語部門や音韻部門といった言語構造のさまざまな下位ドメイン（「モジュール」）間の特異な相互作用によるか，あるいは言語接触のような社会言語学的要因の干渉によるものです。このように，類型論的な知見が得られれば，言語構造がどのような特徴を持つことがよくあり，あるいは稀であるかをはっきりさせ，その歴史を解明するのに役立ちます。ありふれているパターンが発生しても特に言うべきことはないけれども，稀なパターンの発生には特別の注意と説明が必要ということです。

　もちろん，個別言語の一般的・類型論的研究と記述的・歴史的研究が結びつくことは双方にとって利益となるものです。特に，日本語のような古くから文字資料のある言語の緻密な研究は一般言語学にとって重要です。私の考えでは，言語を研究するには常に言語史を研究する必要があります。言語構造を理解するには，その言語がいかにして現在の状態になったのかを理解できるようにならなければなりません。この点からすると，日本語や中国語のような古くから文字資料を持っている言語の研究は，言語が発展していく際の個々の段階を詳しく調べる絶好の機会を与えてくれるだけでなく，さまざまなヨーロッパ言語の歴史を観察しただけで一般的な通時プロセスについて結論づけようとする性急さを避ける上でも有益です。こうした詳細な個別言語研究は，今のところ文法化の理論（それ自身，伝統的な歴史調査と理論言語学をつないでくれる非常に重要なアプローチと言えます）がよって立つ根拠というものが，一様ではない（つまり実証的な観察や信頼できる再構が根拠とされるだけでなく，どれほどもっともらしくとも検証が必要なはずの

研究者の見解や解釈も根拠とされている）だけに，なおさらいっそう重要です。通時的な類型論の基礎を，現状よりもしっかりしたものにしていくことが大事なわけで，そこでは日本語のような非ヨーロッパ系の言語が特に重要になってきます。

　通言語研究と日本の文献学は，もっと一般的な形でも，お互いをより豊かにすることができます。それは，さまざまな言語の研究を通して，さまざまな言語学の伝統を学べるということです。

　これらの伝統は部分的にはそれぞれの言語の違いを反映している部分もありますが，文化的な伝統の違いを反映している部分が少なくありません。たとえば，アスペクト研究に興味を持っている私の同僚の一人がかつて体験したのは，ロシア語，フランス語，英語，ドイツ語研究におけるアスペクトの扱いを比べてみただけで，それらは着目点が違うので，アスペクチュアリティの概念的基盤について多くを学べたということです。このように，異なる伝統を学ぶことは我々の現象理解を確実に進めます。日本語学のような言語研究の伝統は，それ自体，文化現象として価値を持つものですが（この点では，一部の伝統やアプローチだけを広め他の伝統やアプローチを窮地に追いやる「グローバリゼーション」は悪ということになるでしょうか），こうした伝統からの洞察を得て，ヨーロッパ中心の見方を避けることが重要だと言えます。

　シンポジウムでは，言語類型論と日本語学がお互いの経験的・概念的な知見をどのように交換できるのかを示せればと考えていましたがそれは論文集においても変わりません。このようなわくわくする機会を与えて下さった関係者の皆様に感謝します。

　　　　　　　　　　　　　　　　　　　　（日本語訳・定延利之）

目　次

序 .... 定延利之　　i
序 .... アンドレイ・マルチュコフ　　vii

第1章　記述的研究と通言語的研究との対話

「発見」と「ミラティブ」の間
　——なぜ通言語的研究と交わるのか—— .... 定延利之　　3

定延論文へのコメント .... アンドレイ・マルチュコフ　　39

マルチュコフ氏への返答 .... 定延利之　　43

再コメント .... アンドレイ・マルチュコフ　　51

第2章　歴史的研究と通言語的研究との対話

古代日本語研究と通言語的研究 .... 小柳智一　　55

小柳論文へのコメント .... アンドレイ・マルチュコフ　　83

マルチュコフ氏への返答 .... 小柳智一　　87

再コメント .... アンドレイ・マルチュコフ　　91

第3章　方言研究と通言語的研究との対話

方言研究と通言語的研究	渋谷勝己	97
渋谷論文へのコメント	アンドレイ・マルチュコフ	147
マルチュコフ氏への返答	渋谷勝己	153
再コメント	アンドレイ・マルチュコフ	161

第4章　対照研究と通言語的研究との対話

対照研究と通言語的研究	井上優	165
井上論文へのコメント	アンドレイ・マルチュコフ	207
マルチュコフ氏への返答	井上優	211
再コメント	アンドレイ・マルチュコフ	215

索引 219
編著者紹介 224

第 1 章

記述的研究と通言語的研究との対話

定延利之, アンドレイ・マルチュコフ

第1章

「発見」と「ミラティブ」の間
——なぜ通言語的研究と交わるのか——

定延利之

1. はじめに

　論文集の第1論文として，ここでは，「個別言語研究と通言語的研究との交わり」という論文集全体の問題意識（「序」を参照）と共に，コメンテータであるアンドレイ・マルチュコフ博士（Andrej Malchukov，以下「マルチュコフ氏」と記す）と筆者との研究交流を，なるだけ具体的な形で読者に示しておく[1]。

2. 前提

　共同研究の発端となったのは，現在日本語共通語における主節末の「た」（以下では単に「た」と記す）に関する筆者とマルチュコフ氏との議論である。この議論は，井上優氏との共同研究を進める中で[2]，筆者が前提とした2つの論点と関わっている。以下，それらを1点ずつ紹介しておく。

---

[1] 本稿の内容が，特に定延（2007, 2008b），Sadanobu and Malchukov（2011）の内容と一部重なること，また，本稿の文体が純粋な論文調から外れる箇所があることをあらかじめ断っておきたい。

[2] 科学研究費補助金による基盤研究 C (2)「時間表現・空間表現の意味の構造化に関する日本語と中国語の対照研究」（研究代表者：井上優，平成13–14年度）。

2.1 「過去」と「パーフェクト」

　第1の論点は，「「た」の意味として「パーフェクト」「過去」のいずれを認めるべきか，あるいはいずれをも認めるべきか」というものである[3]。なぜこれが論点になるのかといえば，そもそも「た」に限らず一般に，ことばの「意味」と「用法」の区別がしばしば容易ではないからであり，それを別としても，「た」の意味が「現在パーフェクト」なのか，それとも（直前の）「過去」なのかが常に明らかというわけではないからである。

　以上のような微妙な側面があることを認めながらも，この論点に関して井上氏と筆者は，「「た」の意味として「パーフェクト」は認めず，「過去」だけを認める」という説をとる。その根拠を筆者の立場からかんたんに述べておこう。

　まず，「「た」の意味として（「パーフェクト」を認めるか否かは別として）「過去」を認める」と考える根拠を述べる。「た」を伴った名詞述語文（1）や形容詞述語文（2）が自然であるように，「た」は名詞述語（「雨だ」）や形容詞述語（「寒い」）に結びつく。

　（1）　その日の天気は雨だった。
　（2）　その地方は，冬はとても寒かった。

このことからすれば，「た」には，「パーフェクト」以外の意味，すなわち「過去」の意味を認めないわけにはいかない。というのは一般に，名詞述語や形容詞述語については「パーフェクト」のようなアスペクト的な意味は認められていないからである。

　次に，「「た」の意味として「パーフェクト」を認めない」と考える根拠を

---

[3] 本稿の「パーフェクト」とは Maslov (1988: 65) の actional perfect や Bybee *et al.* (1994: 54) の anterior に相当し，デキゴトを後続の言及状態に影響を及ぼすものとして表す動詞（句）の形式を表すものとする。

2点述べる。
　第1の根拠。もしも「た」に「パーフェクト」の意味があるなら，「た」は時制（過去・非過去）を問わず，過去の「パーフェクト」の表現や，現在時点や未来時点の「パーフェクト」の表現として文末に現れるはずで，「た」が特に未来時点を忌避する理由はないはずである。だが実際には，たとえば次の文（3）がふつう不自然であるように[4]，「た」は未来時点を忌避する。

（3）??明日の時点で彼は仕事を終えた。

このことは，「た」が「パーフェクト」の意味を持つと考えると説明し難い。これとは対照的に，「た」の意味として「パーフェクト」を認めず，「「過去パーフェクト」や「現在パーフェクト」とも思える「た」の意味とは，実は「パーフェクト」ではなく「過去」だ」と考えれば，「た」が未来時点を忌避することは直ちに理解できる[5]。
　第2の根拠。次の文（4a, b）が共に自然であるように，「た」は過去の時点表現（「昨日」）と問題なく共起する。

（4）a.　雨が降った。
　　　b.　昨日，雨が降った。

もし文（4b）の「た」の意味が「パーフェクト」だとすれば，過去の時点表現と共起している以上，この「た」の意味は，未来時点の「パーフェ

---

[4]　例外的に「こんな事件さえ起こらなかったら，明日の時点で彼は仕事を終えた（だから明後日からは休暇を楽しめた）よ」といった反実仮想の文脈なら（3）の自然さは高いが，これはここでは問題にしていない。本文中「ふつう不自然」と述べたのはこの意味である。反実仮想の「た」については定延（2004a）を参照されたい。

[5]　筆者の知る限りでは，この根拠が最初に指摘されたのは高木（1993）である。

クト」ではない。また，英語の文（5）が不自然であるように[6]，現在時点の「パーフェクト」の表現（（5）で言えば"has rained"）は過去時点の表現（"yesterday"）とは共起しないので，

　（5）??Yesterday it has rained.

現在時点の「パーフェクト」とも考えられず[7]，消去法により「過去パーフェクト」という結論になる。だが，「過去パーフェクト」が前提とするはずの「過去の基準時点」も文（4b）には特に想定されない以上，この結論はもっともなものとは言えない。文（4b）の「た」が「パーフェクト」を意味すると仮定すると，このような問題に突き当たってしまう。

　「「た」は，過去の時点表現と共起している場合（文（4b）の場合）は「過去」のみを意味し，過去の時点表現と共起していない場合（文（4a）の場合）に限って，「過去」に加えて「パーフェクト」の意味を持つ」と考えることは不可能ではないかもしれない。だがそれでも，第1の根拠として上述した問題点はやはり残ってしまう。そもそも，そこまでして「た」に「パーフェクト」の意味を認める利点，つまり「パーフェクト」を認めることでどのような現象がすくい取れるのかは明らかでない。

　もちろん，そのような現象が，これまでにまったく示されてこなかったというわけではない。「もう，朝ご飯食べた？」という質問に対する否定的返答として，「食べなかったよ」が不自然で「食べてないよ」が自然であるよ

---

[6] 文（5）冒頭の「??」印は不自然さを示すものとする。以下も同様である。

[7] この記述は「日本語の「パーフェクト」も英語の「パーフェクト」も同じものだ」という前提に基づいている。Dahl (1985: 137–138) ではブルガリア語やスウェーデン語の「パーフェクト」が時間副詞との共起可能性に関して英語の「パーフェクト」とは異なるとされているように，そのような前提は，直ちに無条件で受け入れなければならないものではないだろう。しかしながら，「た」に「パーフェクト」の意味を認める立場において，「では日本語の「パーフェクト」は英語の「パーフェクト」とどのように違っているため過去時点の表現と共起し得るのか？」といった問題は，これまでに追求されていないようである。

うに，「〜た」型のデキゴト表現（「食べた」）の否定が必ずしも「〜た」型の表現（「食べなかった」）にはならず，「パーフェクト」の否定表現「〜て（い）ない」（「食べて（い）ない」）にもなり得るという現象が，「た」の意味として「過去」とは別に「パーフェクト」を認める根拠として示されることはあった（寺村1984）[8]。だが，「もう，朝ご飯食べた？」という質問が，デキゴトの実現し得る時間内（実現想定区間内。まだ朝食を食べようと思えば食べられるうち。摂った食事が「昼ご飯」になってしまわないうち）にしか発せられないという直示的な性質（つまりデキゴト時点と発話時点との結びつきが強いという性質）を持っており，パーフェクト（というよりアスペクト。デキゴト時点と言及時点との結びつきが強い）とは異なるということが明らかにされて，「〜た」と「〜て（い）ない」の対立が見かけ上の対立にすぎないことが示された（井上2001b, 2011）。これによって，「〜て（い）ない」型の否定的返答の存在はもはや，「た」の意味として「パーフェクト」を認める根拠にはならなくなっている。

　以上に述べた理由で，筆者は「「た」の意味として「パーフェクト」は認めず，「過去」だけを認める」という説をとっており，マルチュコフ氏にもこの立場を述べ，少なくとも典型的な「パーフェクト」は「た」の意味するところではないという形で理解を得た。

2.2　態度

　井上氏との共同研究の中で筆者が前提とした第2の論点は，話し手のさまざまな態度（「ムード」と呼ばれることもある）と結びつくように思われる「た」，つまりいわゆる「ムードの「た」」の意味をどう認めるべきかという論点である。

　この論点は，そもそもムードの「た」の内容が研究者によって異なるので一概には論じられないが，井上氏と筆者は，「これまでムードの「た」とし

---

[8]　ここでは，寺村氏の「完了」を筆者の判断で「パーフェクト」と述べ直している。

て取り上げられることのあった「た」のうち，かなりの「た」は[9]，実は態度それ自体ではなく「過去」を意味する」という考えに立ち（井上 2001b）[10]，この考えをさらに進めようとしている（定延 2001b, 2004a, 2008a, 2010）。

　この第2の論点にマルチュコフ氏は特に強い関心を示されたが，関心の焦点は，ムードの「た」の意味それ自体というよりも，ムードの「た」の一類として従来からよく指摘される，「発見」という態度と結びつく「た」（通称「発見の「た」」）の存在であった。「発見の「た」」とはたとえば，探していた手帳を発見した場合に，手帳を目の前にしながら「あ，ここにあった」と言うように，発見したモノを目の前にして発せられる「た」である。

　「発見」という態度が，「た」によって直接意味されるのか，それとも「過去」という意味から派生されるのかという問題はひとまず措いて，「た」が結果として「発見」を表すことを認めると，類型論的に興味深いことが見えてくる，というのがマルチュコフ氏の意見であった。

3. 類型論的展開

　マルチュコフ氏によれば，多義性のパターンの観点から諸言語を広く見渡すと，「過去」と「ミラティブ」（mirative）を表す一方で，「結果」や「パーフェクト」を表さないという，「た」のようなことばは見つかっておらず，基本的に無いと考えられている。（「ミラティブ」については次節で述べる。それまではとりあえず，第2節で述べた「発見」に近いものとお考えいただきたい。）

---

[9] 「た」が「過去」の意味を持つのか否かを論じるに十分な例が得られるものを優先的に取り上げようとすると，たとえば「待った！」「買った，買った」のような命令的な発話に現れる，生産性の低い「た」については，後回しにせざるを得ない（定延 2004a: 注24）。なお，アメレ語では「過去」の表現の一種は「命令」に近づくことがあり（Andersen & Roberts 1991），これは「待った！」などの「た」の意味を考える上で参考にはなるが，これだけで結論を下すことはできない。

[10] 全面的に重なるものではないが金水（2001）も近い立場に立つ。

だが，もしもここに「結果」[11]や「パーフェクト」を加えるなら，つまり，「た」が「結果」や「パーフェクト」をも表すと考えるなら，事情はまったく違ってくる。昔は「パーフェクト」を表していた或ることばが，やがて時代の変化と共に，「過去」を表すようになる，そしてその途中の段階では「パーフェクト」をも「過去」をも表すというのは，文法化のパターンとしてさまざまな言語によく観察されていることだからである（Bybee *et al.* 1994: 86–87）。また，「結果」を表していることばが，「ミラティブ」や何らかのエビデンシャルな（つまり「これを言うのは直接見たから言うのだ」「これを言うのは他人から聞いたから言うのだ」といった，情報源に関わる）意味を表すようになるということも[12]，やはりさまざまな言語で見られることだからである（Bybee *et al.* 1994: 97; Johanson & Utas (eds.) 2000; Aikhenvald 2004）。

「た」が「過去」と「ミラティブ」を表すということは，「た」が「結果」ないし「パーフェクト」をも表すなら，よくあることとして理解できる。だが，「た」が「結果」や「パーフェクト」を表さないために，世界でもきわめて稀な多義性のパターンが生じている。ということは，昔の段階では，「た」は「結果」や「パーフェクト」を表し，そこから「ミラティブ」や「過去」が生じたのだろう（図1参照）。そしてその後，「た」は何か別のことばに「結果」や「パーフェクト」の部分を浸食され，「過去」と「ミラティブ」だけが残ったのではないか（図2参照）というのがマルチュコフ氏の考えである（Sadanobu & Malchukov 2011）。

---

[11] ここで言う「結果」とは伝統的な statal perfect，そして Maslov (1988: 64–65) の resultative に相当し，先行時点のデキゴトにより生じた後続時点の状態を表す動詞（句）の形式を表す。「パーフェクト」と「結果」は，デキゴトを前景とし結果状態を背景として表すか（「パーフェクト」），それとも結果状態を前景としデキゴトを背景として表すか（「結果」）の違いとされる（Maslov 1988: 64–66）。

[12] 「ミラティブ」という概念を通言語的文脈に持ち込んだ DeLancey (1997) は，ミラティブをエビデンシャルとは区別するが（本論文集所収の小柳 (2014: 56) も参照），本稿では多くの研究と同様，ミラティブをエビデンシャルの一種とし，別立てとはしない。

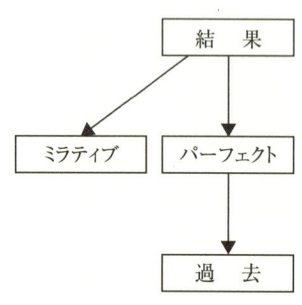 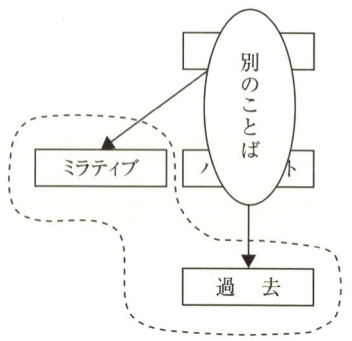

図1：当初の「た」のカバー領域　　図2：「別のことば」による浸食
　　　　　　　　　　　　　　　　　（「た」の残存領域を点線で囲んで示す。）

　図1・図2は，文法化の研究文脈（たとえば Hopper & Traugott 1993; Bybee et al. 1994）で言えば「文法化の道筋」（grammaticalization path）にあたるもので，いわゆる機能類型論（Anderson 1982; Croft 2003; Haspelmath 2007）では意味マップ（semantic map）と呼ばれている。意味マップは，「或ることばが複数の意味を表すなら，それら意味どうしは人間にとって似通った，互いに近いものであろう」という想定のもと，人間にとっての概念間の近さ・遠さを地図のように視覚化したものである。

4. 通言語対照における「意味」をめぐって

　ことばの多義性というものは，意味マップ上，連続した形で現れるのが原則であり，その原則から外れる現代日本語の「た」のような特殊ケースに対して，「「パーフェクト」を何か別のことばに浸食された」といった特定の歴史変化が仮定できるというマルチュコフ氏の考え（第3節）は，「何か別のことば」の箇所に「ている」を当てはめれば，そのまま日本語の現実の歴史変化と一致する[13]。日本語を話されず，日本語文法も日本語史もご存じない状

---

[13]　ちなみに，このように歴史的な事情で多義性のパターンが乱れている例は日本語の「た」の他にもある（Van der Auwera & Plungian 1998）。

態でマルチュコフ氏にいきなりこのようなことを言い当てられ，筆者は正直驚いた。「「パーフェクト」と「過去」の曖昧性や，「結果」と「ミラティブ」の曖昧性はさまざまな言語によく観察される」「「結果」や「パーフェクト」を伴わない，「過去」と「ミラティブ」だけの曖昧性は広く言語を見渡しても観察されない」といった類型論的知見の「威力」を見せつけられた思いがした。

だが，同時に忘れてはならないのは，これらの知見が「「パーフェクト」や「過去」といった，意味マップ上に現れている諸概念の実質は（ほとんど）一定不変である。これらは，言語や方言や語句が違っても大きくは変わらず，同一視が可能である」というきわめて強い前提に基づいている，ということである。たとえば「「パーフェクト」といえば日本語でも中国語でも大体同じ意味である」と考え，「「過去」といえば日本語でも英語でも大体同じ意味である」と考えていかなければ，そうした通言語的知見は得られない。

では，この前提は確実なものとして認められるだろうか？　言語を問わない普遍的な「パーフェクト」観は，「「パーフェクト」の内実は言語ごとに異なり，言語普遍的な把握は不可能」という伝統的な考えを刷新しようとするアンダーソンやダールらにより近年設定されたものであって（Anderson 1982; Dahl 1985: 129–153; Lindstedt 2000: 365），直ちに無条件で受け入れなければならないものではないし，記述的にも言語ごとの「パーフェクト」観の方が実態と合う部分がある。少なくとも「「パーフェクト」の実質が日本語・中国語間でまったく変わらない」という考えに対しては井上氏を中心に異論が展開されており（井上・生越・木村 2002，さらに本論文集所収の井上（2014）に対するマルチュコフ氏のコメントを参照），また，同じ「過去」の文とはいえ，日本語の「知識」の文 (6a) の自然さがかなり低いのに対して「体験」の文 (6b) の自然さが遥かに高いという違いは[14]，英語の「過去」

---

[14] 状況設定はやや異なるが，タイムマシンでどこへ行こうというドラえもんの発言にのび太が答える発言としては，(6a) は大学生 130 人中 80 人が不自然と判断したのに対し，(6b) は大学生 130 人中 110 人が自然と判断した。詳細は定延 (2001b, 2004a) を参照。

の文には当てはまらない。

（6）　タイムマシンを発明した2人の会話
　　a. ??[「600年前の世界に行ってピサの斜塔で遊ぼう」と言われ]
　　　　そりゃあいいや！600年前ならピサの斜塔も新しかったからね。
　　b. [「10年前の世界に行っておばあちゃんと遊ぼう」と言われ]
　　　　そりゃあいいや！10年前ならおばあちゃんも元気だったからね。

文（6a）に対応する英語文 "Good idea! 600 years ago, the Leaning Tower of Pisa was new." と，文（6b）に対応する英語文 "Good idea! 10 years ago, grandmother was well." の間には，日本語のような自然さの違いは見られない。このように，ことばの意味を厳密に考えていこうとする限り，上の前提はそのままの形では認められない。

　意味マップ上に現れるパーフェクトその他の概念は，ことばが表すもののうち「一部分」だけを反映すると考えても，その「一部分」とは具体的に何なのかは，明確にはされていない。「た」の「意味」ではなく（それは「過去」である），「派生的用法」にすぎない「発見」という概念を意味マップのレベルで考えること，それも，さまざまなムードの「た」のうち，発見の「た」だけをマップに載せ，他の「た」（たとえば「正解は3番でした」のような「知識修正の「た」」[15]）を取り上げないことが，無条件で許されるわけではないだろう。

　仮にそれが許されたとしても，通言語的な「ミラティブ」と日本語の「発見」の間には，なお隔たりがあり，そのまま単純に同一視できるような関係にはない。

　「ミラティブ」は「接した情報を受け入れる準備ができていない」「接した情報がまだ自分の信念体系に組み込まれない」といった，受け入れ準備

---

[15]　知識修正の「た」の存在を最初に指摘したのは金水（1998: 170）である。

なし，期待外（unprepared, unexpected）のきもちと結びつく概念とされる（DeLancey 1997: 39）[16]。

これに対して，発見の「た」がそうしたきもちと結びつくという考えが提唱されたことは一度もない。先行研究の記述にも揺れは見られるが，その揺れとは，「発見の「た」が自然であるためには，何らかの期待が必要である」という立場から「特に必要ない（つまり有っても無くてもよい）」という立場までの揺れである。具体例に則して言えば，「目の前の手帳を見ながら「あ，手帳があった」と言うためには，「このあたりに手帳があるのではないか」という期待が，漠然とであるにせよ必要である」という立場から，「そうした期待は特に必要ない（つまり有っても無くてもよい）」という立場までの揺れである[17]。「発見の「た」は期待外のきもちと結びつく。期待は有ってはならない」という説は，この揺れの範囲の外にあり，まったく提唱されていない。

以上の諸点は，意味マップというよりも，類型論そのものに対する根本的懐疑につながり得るものだが，マルチュコフ氏との議論の中で，筆者はこれらを氏に率直に詳しく語ることになった。大変失礼な振る舞いであったかもしれない。だが，それは氏が，驚くべき博識でありながら，他人の話を聞く耳を持った謙虚な研究者だった（少なくとも筆者の目にはそう映った）からである。もしこの人にこれらの疑問点を率直に述べなければ，現代日本語という個別言語の観察を主軸とする研究者として自分が氏の前に存在している意味はない，そうはなりたくないと感じたからである。

マルチュコフ氏は筆者の疑念を全て受け入れられ，我々は長い時間を通してさらに先に進むことができた。意味マップについては類型論の中でもさまざまな問題点の指摘があり論議がまさに進行中であること，マップ上に描かれる諸概念は初めから決まってはおらず，コーパスから統計的手法によって

---

16 「期待外」という点では Friedman (1979) の "admirative" やトルコ語に関する Slobin and Aksu (1982) の "surprise" も同様である。

17 この揺れに関する筆者の見解は第5節で述べる。

自動的に生成されるという新型の意味マップも提案されていること，その新型に対する問題点も指摘されていることなど，筆者は氏を通して最新の情報（Haspelmath 2007; Malchukov 2009）を学ぶことができた。

　現在の筆者の理解はこうである。意味マップとは，さまざまな言語で得られた多義性に関する観察をその上で機械的に重ね合わせれば，人間の概念ネットワークが自動的に浮かび上がってくるような「できあがったもの」などではない。むしろそれは，概念ネットワークを解明するための「手段」であり，各言語の多義性観察に基づきながらも，研究者の経験とインスピレーションによって何度も書き直され得る下絵の一つである。したがって，解明したい対象が変われば，意味マップも変わる。或るマップではまったく描かれず埋もれていた概念が，解明したい対象を異にする別の意味マップでは中心に据えられるということは十分有り得ることである。日本語研究と同じく類型論も，盤石の枠組みの上に着実に成果を積み上げ進んでいるというよりも，不十分な枠組みの中で，ただできることをしている[18]——このような理解がマルチュコフ氏の理解と完全に一致しているかどうかはわからないが，これらの議論によってようやく筆者は，類型論的な知見を自分の日本語研究に活かせると思えるようになった。

　但し，だからといって「発見の「た」」を「ミラティブの「た」」と認めることが直ちに正当化されるわけではもちろんない。この節で述べたように，通言語的な概念としての「ミラティブ」と，現代日本語における「発見の「た」」の「発見」がずれているということは，厳然たる事実である。では，このずれはどの程度のずれなのだろうか？　個々の言語を超えた通言語的な観点から何度も書き直される意味マップの上で，とりあえず度外視してもよさそうなずれなのか，否か？——この問題は，日本語を研究する者にしか答

---

[18]　類型論に対するこの理解は，「言語対照とは手段であって目的ではない。言語対照はそれぞれの言語を深く解明した上で初めて可能なものというよりもむしろ，それぞれの言語を深く解明するためにおこなわれるもの」という考え（井上 2001a, 2002）とも相通じるだろう。

えられない部分を含んでいる。

　マルチュコフ氏との心温まる対話の傍ら，筆者はこの問題に一人で向き合うことになった。

5. 「発見の「た」」と期待の関係

　「発見」を「ミラティブ」としてよいか否かを考えるには，これまで記述に揺れのあった「発見の「た」」と期待の関係をはっきりさせなければならない。

　もしも「発見の「た」」にとって期待のきもちが不要（つまり有っても無くてもよい）ということなら，「発見」と，「ミラティブ」（期待のきもちが有ってはならない）は，そう離れてはいない。何度も書き直される意味マップの上で，マルチュコフ氏の類型論者としての直観に従い，とりあえず違いを度外視してみることもできるだろう。だが，もしも「発見の「た」」にとって期待のきもちが必要であるということなら，いくら何でも「発見」を，「ミラティブ」（期待のきもちが有ってはならない）とすることはできないだろう。では，「発見の「た」」にとって，期待のきもちは不要なのか，必要なのか？

　先述の通り，この問題に対して従来の研究は見解の一致を見ていない。期待不要説を支持し，期待がなくても発見の「た」が自然である旨を記述しているものがある一方で（たとえば高橋 (1983, 1994: 179-180)），期待必要説を支持し，期待がまったくない，思いがけない発見の場合は，発見の「た」が不自然になりがちであるとするものもある（たとえば三上 (1953: 224-225)）。さらに，一人の研究者の記述の中にも，両論併記に近い「揺れ」が見られることもある[19]。だが，この問題はこれまでさして関心を払われず，期待必要説・期待不要説それぞれの記述が繰り返されるばかりで，記述が揺れている

19　詳細は定延 (2004a) を参照されたい。

こと自体が正面から取り上げられることはなかったと言える。

　記述がこれほど揺れているということは、「発見の「た」にとって期待は必要か？」というそもそもの問題設定や、発見の「た」の自然さに関わるこれまで想定されていない別の要因に筆者の目を向けさせることとなり、「探索意識」「キャラクタ」に基づく分析を展開させることになった。以下、それぞれの要点を述べる。

5.1　「発見」に必要なのは期待ではなく探索意識である

　発見の「た」にとって期待が必要か否かという問題について、これまでの記述が揺れているのは、この問題が論じられる際、異なる2つの概念（期待・探索意識）が「期待」という名で漠然と指されていることとおそらく無関係ではない。そして、発見の「た」に必要なのは期待ではなく探索意識である（定延2001b, 2004a）。まず、「探索意識」と、それと深く関わる「探索」をかんたんに紹介しておこう。

　ここで言う探索とは、未知の領域（たとえば見知らぬ街）がどんな様子なのか調べる、一種の体験である[20]。探索が及ぶ領域（見知らぬ街）を探索領域と呼ぶ。探索には「探索領域はどんな様子なのか？」という問題意識（探索意識）が必要である。見知らぬ街を見ていても、ただぼんやりと眺めており、探索意識がないのであれば、探索をおこなっているとは言えない。

　或る部屋を探索領域とする探索の場合、ただ「その部屋はどんな様子なのか？」という探索意識だけで探索する場合もあるが、たとえば「なくした手帳はどこか？」のような、課題を解決するために探索する場合もある。このような、探索によって解決しようとする課題を探索課題と呼ぶ。探索課題と探索意識は似ているが別物である。探索課題は探索に必須ではないが、探索

---

[20]　ここでの「探索」の紹介は、簡略化したものであることを断っておく。厳密には、筆者の言う「探索」とは体験それ自体ではない。「探索」とは、体験の中核をなす「体験者と環境とのインタラクション」（つまり、体験者が環境に働きかけ、その働きかけに応じて環境が体験者に働きかけ返すサイクル）の1タイプで、体験者が環境に働きかけるプロセスが強烈なタイプを指す。詳細は定延（2004a）を参照されたい。

意識は探索に必須で,探索意識がなければ探索にはならないからである。両者は,探索課題が課せられるほど探索意識が活性化するという関係にある。

多くの読者にとっては,探索や探索意識はなじみ深い概念ではないだろうから,これらが文法と密接に関わるということを,本稿で問題にしている「た」とは別の現象で確かめておこう。例として,「状態」と「動詞タイプ」に関する現象を挙げる。

まず,「状態」に関する現象を挙げる。次の文ペア（7）を見られたい。文（7a）と文（7b）は「レストランがしょっちゅうある」という部分を共有しているが,その自然さは異なっており,文（7a）は自然さが低く,文（7b）は自然さが高い。

(7) a. ??[自宅付近にはレストランがあちこちにあることを教えようとして] うちの近所にはレストランがしょっちゅうあります。
b. [初めて訪れた外国で,空港からバスでホテルに向かう途中,バスの中から街の様子を見て,レストランがあちこちにあることを同乗者に言おうとして] なんか,レストランがしょっちゅうあるね。

ここで重要なのは,「しょっちゅう」のような頻度語が表すのは,デキゴトの生じる頻度だということである。「レストランがある」というレストランの存在状態は,状態であってデキゴトではないので,頻度語「しょっちゅう」とは合わない。それが文（7a）の不自然さの原因だが,同じことは文（7b）には成り立たない。それは,文（7a）が自宅付近の様子を語る「知識」の文であるのに対して,文（7b）がバスの中から街の様子を探索する「体験」の文だからである[21]。「レストランがある」というレストランの存在状態は,（「東京に東京スカイツリーがある」などと同様の）知識として語られれ

21　ここで述べた「知識」と「体験」の違いは,第4節の文ペア（6a, b）の箇所で述べた「知識」「体験」と同じものである。

ば状態にすぎずデキゴトではないが，(「いま目の前にこの論文集がある」などと同様の）体験として語られれば，それは語り手の人生の一部であって，デキゴトである。というのは，我々の人生は一瞬一瞬の「生きている」というデキゴトの連続に他ならないからである。文 (7b) は，「レストランがある」という状態が体験者によって生きられてデキゴトとなるため，頻度語「しょっちゅう」と合う[22]。ここでは頻度語を例に挙げたが（詳細は定延(2002a) を参照されたい），探索が状態をデキゴト化するという現象は，他にも場所の「に」と「で」，取り立て詞「ば（っ）かり」，条件文など，さまざまなことばに観察される（定延 2001a, 2002b, 2004b, 2008a）。

次に，「動詞タイプ」に関する現象を挙げる（定延 2003）。次の文ペア（8）を見られたい。文 (8a) と文 (8b) は，いまも流れ続ける水を見ながら「水が流れた」と言う部分は共通しているが，その自然さは異なっており，文(8a) は自然さが低く，文 (8b) は自然さが高い。

(8) a. ??[気がつくといつの間にか漏水で教室の床に水が流れている。いまも足もとを流れ続ける水を見ながら]　あ，水が流れた。
　　 b. [路傍で占い師に呼び止められ「お主，今日は水難の相が出ておる。足もとを水が流れるぞ」と言われ，気にも留めず聞き流して登校したが，気がつくといつの間にか漏水で教室の床に水が流れている。いまも足もとを流れ続ける水を見ながら]　あ，あいつの言った通り，水が流れた。

---

[22] 「デキゴトとしての状態」という発想は，益岡 (1987) の「静的事象」に見られるものである（詳細は定延 (2012) を参照）。なお，状態をデキゴト化するものは，探索に尽きているわけではなく，他に「体感」がある。体感は探索（注 20 参照）と同様，「体験者と環境とのインタラクション」の 1 タイプだが，環境が体験者に働きかけるプロセスが強烈なタイプを指す。たとえば，怪談「ろくろ首」の話を他人に教える場合，「この娘は，ときどき首が長くなる」と違って「??この娘は，ときどき首が長い」は不自然だが，レストランで隣の客の声の大きさに辟易して店員に訴える場合，「さっきからあの客はときどき声が大きくなるの。注意してもらえる？」と同様，「さっきからあの客はときどき声が大きいの。注意してもらえる？」が自然なのは，体感による。詳細は定延 (2004a, 2008a) を参照されたい。

文(8a)が不自然であることは,「動詞「流れる」は動作(activity)を表し,いまも動作が続行中なら「流れている」と言うべき」と説明できるが,文(8b)には同じ説明は成り立たない。これは,探索意識によって,動詞「流れる」が変化動詞になっているからである。教室の床は乾いているのが当たり前で,普段は床の状態など意識にのぼりさえしない。だが,文(8b)の場合は占い師のことばをきっかけとして「自分の足もとを水が流れるのではないか」という探索課題が設定され,「教室の床はどのような状態か」という教室の床に対する探索意識が活性化している。その結果,教室に入ってきた時点の「足もとの床を水が流れていない状態」が強く意識され,いまの「足もとの床を水が流れている状態」はその状態からの変化としてとらえられている。といっても,実際に教室に入った時点で話し手が占い師のことばを気にして床の状態を意識している必要はなく,「教室の床はどのような状態か」という探索意識は多くの場合,足もとを流れる水を見た後の発話時に,遡及的に活性化されるにすぎないが,探索意識の無い文(8a)と違って文(8b)が自然なのは,動詞「流れる」がそうした足もとの状態変化(achievement)を表すからである。変化動詞であれば,たとえば街灯が点灯し,いまも点いている状態で「あ,街灯が点いた」と言えるのと同様に「あ,水が流れた」と言うことは自然である。読者の理解を助けると思える類例を挙げれば,窓の外を見たところ運動場を人が走行中であるのが見えたという場合,「あ,走ってる」とは言っても「あ,走った」とは言わないが,何気なくテレビのチャンネルを変えたところ野球の試合が映り,盗塁の世界記録をいつ塗り替えるかと言われている選手が走塁中であった場合は「あ,走った」と言える。また,飲み屋に入って友人がビールのジョッキを傾けているのを目撃した場合,「あ,飲んでる」とは言っても「あ,飲んだ」とは言わないが,その友人が「俺はもう酒はやめた。酒を飲んでるところを見つけたら誰でも1万円やる」と宣言していた場合は「あ,飲んだ。1万円ちょうだい」などと言える。これらも,遡及的な形ではあるが探索課題「あの選手はいつ盗塁するのか」「あの人は酒を飲むのではないか」の設定によって探索意識が活性

化され，動詞「走る」「飲む」が変化動詞になっていると考えられる。

このような探索意識による動作動詞の変化動詞化は，デキゴト（水の流れ・走塁・飲酒）よりも，デキゴトを起こすモノ（床・野球選手・友人）に注意が向けられる結果生じる。「力を抜いて自然に描け」と言う場合の「自然に」は描画というデキゴトの様子を表すが，「最初は絵を描きたがらない子も，うちのお絵描き教室に通っていれば，ひと月ぐらいで自然に描きますよ」などと言う場合の「自然に」は，絵を描かない状態から絵を描く状態という子供（モノ）の状態変化の様子を表す。探索意識はこのレベルに光を当てる効果を持つと言える[23]。

発見の「た」にとって必要なのは，文字どおりの期待ではなく，以上で紹介した探索意識である。この考えは以下2点の観察に基づいている。

第1点。期待がなくても探索意識さえあれば発見の「た」の文は（話者によっては——第5.2節で後述）自然である。たとえばカバンの中に本を発見して「あ，本があった」と言うには「もしかしたらどこかに本があるかもしれない」というような軽い期待が必要といった記述はあるが（松田1998: 76），そのような期待がない場合でも，（遡及的に作られたものであれ）「カバンの中はどんな様子なのか」という探索意識さえあれば「あれ，おかしいな。こんなところに本があったぞ。何の本だろう」など，発見の「た」は（話者によっては）自然である。

第2点。探索意識がなければ発見の「た」の文は不自然である。たとえば次の（9）に示すように，

---

[23] 探索意識によってデキゴトが変化ととらえられやすくなるという現象は，日本語にしか見られないわけではない。中国語の"从"（cóng，ツォン）は，起点を表す格助詞「から」にほぼ相当するが，王（2009: 46-47）によれば，"从"の現れる文の自然さは探索意識の有無により異なる。中国語ではモノの消失は変化とはとらえられ難く，たとえば"鸟从笼子里没了"（籠から鳥がいなくなった）とは通常言えないが，奇術の描写で「籠の中の鳥はどうなるか」と探索意識を活性化させている場合は"一眨眼，鸟竟然从笼子里没了"（またたく間に，鳥がなんと籠からいなくなった）と言える。

（9）［列車で，向かいの座席の人間の顔にホクロを発見して］
 a. あ，あんなところにホクロがある。
 b. ??あ，あんなところにホクロがあった。

列車の中で，向かいの座席の人間の顔を何気なく見てホクロを発見した場合，（こっそり，あるいは心内で）文（9a）のようには言えても，文（9b）のようにはふつう言い難い。これは，列車でたまたま向かいに座った人間に対して，ことさらに「この人はどのような顔をしているのだろうか」と探索意識を持つこと（そしてそれを露わにすること）が不自然だからである。

　発見の「た」と探索意識の結びつきは，発見場所の違いによって確かめることができる。より具体的に言えば，発見の「た」は，よく見慣れた場所での発見の際は不自然になりがちで，反対に，探索意識をかき立てられる新奇な場所での発見の際は自然になりがちである。たとえば次の（10）を見よう。（文（10b）冒頭の「%」印は，自然さに関する話者差が大きいことを示す。詳細は後の注 26 を参照されたい。）

（10）a. ??［自宅で，縁側に立って何気なく庭を見ると，思いがけないことにそこにサルがいる。サルを見ながら，傍らの家人に］　ほら見て，あんなところにサルがいたよ。
 b. %［山の中をハイキングしていて，何気なく前方の崖に目をやると，思いがけないことにそこにサルがいる。サルを見ながら，同行している友人に］　ほら見て，あんなところにサルがいたよ。

自宅で思いがけずサルを発見して家人に知らせる場合，発見の「た」の文（10a）は不自然である。だが，この不自然さは，自宅にいる話し手が「もしかしたらサルがいるかもしれない」といった期待を抱いていなかったから，という形では説明できない。山中で思いがけずサルを発見し，同行している友人にそれを教えるという文（10b）の場合は，やはり話し手がこの期待を

抱いていないにもかかわらず、発見の「た」が(話者によっては[24])自然である[25]。見慣れた自宅の庭と、ハイキングしている山中の違いとは、「探索領域はどんな様子なのか？」という探索意識の持ちやすさの違いに他ならない。(ハイキングとはまさに典型的な探索行動である。)

　以上のように、発見の「た」に必要なのは探索意識だという主張を展開する中で、筆者は自然な発話として山中ハイキングの文(10b)を挙げた。この文は、若い世代にも受け入れられないわけではないが、「事前の思いまどい効果」(注24を参照)がなければ不自然と感じる話者も案外多い[26]。その一方で、寺村(1984)が挙げる井伏鱒二の小説『駅前旅館』の例(11)は、ほぼ例外なく自然と判断される。これは、生野という番頭が高沢という別の番頭の奇癖について述べているくだりである。

　(11)　この男は、他にもまだ妙な癖がある。自分の持ってる銭を、人の知らない間に石崖の穴かどこかに隠しておいて、「おや、ここに銭があった。こいつで一ぱい飲もう」と云って人に御馳走する癖がある。
　　　　［『井伏鱒二全集第十八巻』416、筑摩書房、1998.(但し仮名遣いは

---

[24] 文(10b)に十分な自然さを認めない話者もいるが、ハイキング前に「この山、ひょっとしてサルがいるんじゃないか」「まさか。いませんよ」などと、「この山にサルがいるのではないか」という「事前の思いまどい」があったという想定では、目の前の崖にサルを認めながらの「あ、ほら、サルがいたよ」「あ、いましたねえ」など、「た」の文を自然と認めやすい（これを定延(2004a)を踏襲して「事前の思いまどい効果」と呼ぶ）。だが、「事前の思いまどい効果」は本稿ではこれ以上取り上げない。

[25] 念のために言えば、「山にハイキングに行くということは、サルを期待していること」という立論は成り立たない。山にハイキングに行く話し手が、「サルは出まい」と思っているどころか、サルのことなどまったく念頭に無いという想定は、少なくとも現代の日本では十分に自然だからである。

[26] 愛知県立大学文学部の大学生を対象とした調査(2007年9月28日施行)では、文(10b)は41人中26人が自然、15人が不自然と判断した。これが文(10b)冒頭の「%」印の具体的内容である。

現代風に改めた)〕

この場合，この男は本当は「隠した銭はこのあたりにあるはず」という期待を持って石崖の穴を探しているのだが，他人の前ではあくまで何気なく，そのような期待など何もなしに石崖をのぞき，思いもかけず金を発見した（だからこそ「おや」と驚いた）という演技の中で「銭があった」と言っているのだから，発見の「た」には期待は不要というのが寺村(1984)の意図のようである[27]。

では，文(10b)と文(11)の違いは何によるのか，という疑問はかなり以前（少なくとも定延(2001b, 2004a)執筆時）から筆者の中にあったが，「キャラクタ」というアイデアを使ってこの疑問に取り組むには，なお時間を要した。「探索」や「探索意識」と同様，「キャラクタ」も最近提案された概念で，多くの読者にとってなじみ深くないかもしれないが[28]，以下を読み進める上では「キャラクタ」は人物像という単純な理解で差し支えない。

5.2　期待のない発見の「た」の不自然さは話し手のキャラクタの問題である

いま述べたように，多くの話者にとっては発見の「た」は期待のきもちがなくても自然だが，少数とはいえ話者によっては，期待のきもちがない発見の「た」は，たとえば文(10b)が不自然である一方で文(11)が自然であるように，自然さが不安定である。では，「発見の「た」にとって期待のきも

---

[27] 但し，寺村氏の記述には，「発見の「た」」の定義にもよるが(寺村1984: 106)，期待不要説とは反対の期待必要説を思わせる箇所もある(寺村1971, 1984: 341–342)。また，あくまでごく少数にとどまるが，この男は実は「隠した銭はこのあたりにあるはず」という期待も露わにこの演技（したがって破綻した演技）をしていると解釈する話者もいる。この解釈の当否をめぐる議論は，言語研究と文学研究の接点になり得るかもしれないが，本稿の主旨から逸脱するので，ここでは，この解釈を支持する者がごく少数にとどまるという点だけを指摘し，この解釈についてこれ以上は触れない。

[28] キャラクタについての詳細は定延(2006b, 2011, 2012-)，キャラクタの発することば（役割語）については金水(2003, 2007)を参照されたい。

ちは不要」という観察は，単にそうなりがちだという表面的傾向を述べたにすぎず，厳密には否定されるべきものなのだろうか？

　そうではない。一部の話者にとって，期待のない発見の「た」の文の自然さが不安定なのは，「キャラクタ」という，期待の有無とは別の事情によるものであって，「発見の「た」にとって期待のきもちは不要」という観察は保持できる。以下，このことを示しておく。

　まず，話し手のキャラクタによって，可能なコミュニケーション行動が異なり，そのために発見の「た」の自然さが，話し手のキャラクタ次第で異なるということを示す。

　たとえば，2 人の人間 X と Y が，或るネコを探して「あのネコどこに行ったのかなー」「いないねー」などと言いながら道をやってくるとする。この 2 人は，探していたネコを発見した場合に，文 (12a) のように単なる発見の発話をおこなうこともできるし，また文 (12b) のように，発見の「た」の文の発話をおこなうこともできる。

　　(12) a. あ，あんなところにいる。
　　　　b. あ，あんなところにいた。

　ところで，ここに，X と Y の会話を漏れ聞いていた Z がいるとしよう。Z は X や Y とは面識がないが，X と Y がネコを探していることを彼らの会話から理解したとする。そして，ちょっとした親切心から「X と Y が探しているネコはその辺にいないか」という探索課題を自らに課してあたりの探索を始め，その結果，少し離れた家屋の屋根の上にそれらしいネコを発見したとする。この場合，Z は文 (13a) のように，X と Y に聞こえるように発見の独り言発話をおこない，さりげなくネコの存在場所を X と Y に教えてやることはできる。では，文 (13b) のように，発見の「た」の文を発することはできるだろうか？

(13) a. あ，あんなところにネコがいる。
b. あ，あんなところにネコがいた。

いまの場合，ZはXとYにとって部外者であり，XとYの会話をいわば盗み聞いたにすぎない。このことを重視するなら，Zは「XとYが探しているネコはその辺にいないか」という自身の探索課題ひいては探索意識をXやYに対して露わにできず，発見の「た」発話はおこなえない。但しそれは，Zのキャラクタが控えめでおとなしければ，の話である。

もしもZが無遠慮な『おやじ』キャラであって，ましてXとYが小さな子供であれば，ZはXとYの会話に「おい，おまえら安心せい」などと躊躇なく割って入り，「ほれ」と屋根を指さし，「あそこにおった」と言ってのけるだろう。この場合，Zは自身の探索意識をあからさまにすることによって，XとYの専有領域に勝手に踏み込んでしまうことになるが，そのようなコミュニケーション行動は，このキャラクタの躊躇するところではない。このように，話し手のキャラクタによって，可能なコミュニケーション行動の幅が異なり，この異なりは，発見の「た」の自然さの違いをもたらす。

自然さ判断が大きく割れた文 (10b)，つまり山中をハイキングしていての「ほら見て，あんなところにサルがいたよ」も，この例外ではない。話し手のキャラクタを，皆でハイキングに行きましょうと，このハイキングを決めた多少お節介な『おばさん』キャラにした発言 (14) は，全ての話者にとって自然である。

(14) うわー，すっごい紅葉じゃないですかーやっぱり来てみてよかったでしょー，どうです田中さん。ねー。騒音もないし，空気も綺麗だし，あ，見て見て，ほら，あんなところにサルもいましたよどうですこれー。

ここでおこなわれているコミュニケーション行動は，「自分と相手は同じ感

覚を共有している」という勝手な前提のもと，自分の感覚（「来てみてよかった。騒音もない。空気も綺麗だ。あんなところにサルもいた」）を相手（田中さん）に押しつけ，相手を強引に誘導する（したがって自身と同じ探索意識を相手も持っているものとみなしてしまう）というものである。無神経という点では先ほどの無遠慮な『おやじ』のものと似ているが，「どうですこれ」などと協議の形をとりながら自分の感覚を押しつけて誘導しにかかるという手口には独特なものがある。先述のネコ探しの場合と同様，このようなコミュニケーション行動も，誰にでもできるものではないが，或る種の『おばさん』ならやりかねないという認識は広く共有されており，これが (14) の発見の「た」を容認させやすくしている。

　こう書くと，いかにも悪質で特殊な存在に感じられるかもしれないが，以上のような「他者領域への踏み込み」や「感覚の押しつけ，誘導」は，日常のコミュニケーションではありふれた，ちょっとした「荒技」にすぎない。たとえば「あの，ネコね，ほら，あそこにいましたよ」と，やさしくおずおずと割り込んでくる話し手の「た」発話は，ほとんど無遠慮とは感じられないかもしれない。また，ハイキングが楽しく盛り上がり，感覚の共有が勝手な思い込みでなく本当に実現されている場合は，「ほら，あんなところにサルもいましたよどうですこれ」発話は特にお節介でもないかもしれない。

　文 (10b)「ほら見て，あんなところにサルがいたよ」を自然と判断するかどうかは，この「荒技」や，それを使いこなす話し手のキャラクタがどの程度思い浮かぶかによるのではないか。というのは，文 (10b) を不自然と判断する話者に (14) を見せると，(14) が自然と判断されるだけでなく，既に不自然と判断された文 (10b) の自然さまでが高く判断し直されるということが珍しくないからである。

　そのような話者にも (11) の発見の「た」が最初から高く評価されたということは，やはり，話し手のキャラクタとコミュニケーション行動という観点から理解できる。

　そもそも「発見」とは基本的に単独の心内行動であり，発見の「た」発話

は独り言の色彩を持っている。但し，或る発話行動が独り言だということは，その行動がコミュニケーション行動でないということを必ずしも意味しない。たとえば，「私はモノを収納するコツをいかに知っているか」という相手の自慢話に「はぁー」とりきんで感心してみせること，「そんな手があるんだ，そうかぁー」と信念を更新してみせること，「僕もそれやってみようかなぁー」と迷ってみせることなど，我々のコミュニケーション行動の一部は，本心からのものであれ偽装のものであれ，相手の前でやってみせる独り言である。いままで述べてきたのは，ネコ探しの「おい，おまえら安心せい，ほれ，あそこにおった」にせよ，山中ハイキングの「あ，見て見て，ほら，あんなところにサルもいましたよどうですこれー」にせよ，明白な対人発話（「おい」「ほれ」「見て見て」「ほら」「どうです」）にはさまれた，コミュニカティブな色彩が特に濃い発見の「た」発話が，想定される発話キャラクタによって自然さを変えるということであった。

その一方で，独り言にはたとえば深夜，ひとりきりのオフィスで吐息まじりにつぶやく「あービール飲みたい」「疲れたぁ」など，コミュニカティブな色彩が濃くない，むしろ心内事情の単なるダダ漏らしと思えるものもある。そして，このダダ漏らしを誰よりも得意とするのは，「どれ，その辺で腰でもおろすとするか。よっこらしょ」のような例からわかるように，『老人』を典型とする『古臭い人間』のキャラクタである。ここで『駅前旅館』の例 (15) (= (11)) を振り返ってみよう。

(15) この男は，他にもまだ妙な癖がある。自分の持ってる銭を，人の知らない間に石崖の穴かどこかに隠しておいて，「おや，ここに銭があった。こいつで一ぱい飲もう」と云って人に御馳走する癖がある。
[『井伏鱒二全集第十八巻』416，筑摩書房，1998. (但し仮名遣いは現代風に改めた)]

ネコ探しやハイキングの例とは違って，(15)では発見の「た」の文（「ここに銭があった」）は多分に自己完結的な発話「おや」に導かれ，コミュニカティブな色彩が濃くないダダ漏らしのように発せられる。「自分なら，思わぬ場所に金を見つけても『あれ，ここに金があった』などという芝居じみた独り言は言わない」と感じる話者が多い中，(15)のダダ漏らし的な発話はいくつかの事情によって，そうした話者にとっても容認されやすいものになっている。

まず重要なのは，このダダ漏らしをおこなう「この男」（高沢）が，『古臭い人間』として描かれているということである。金を発見した第一声が「おや」とはいかにも古い言いぐさである。金を「銭」と言うのも古いし，それを「こいつで」と指すのも同様である。そもそも，拾った金で人と一緒に酒を飲もうとする或る種おおらかな事柄じたい，意表をついているだけでなく，既に時代を感じさせる，昔風の振る舞いと言ってよいだろう。

直接的には，これらは高沢の古臭さというよりも，語り手である生野の古臭さと言うべきかもしれない。「云う」という文字表記を別としても，「石崖」はいまではあまり使わないし，「変な癖」を「妙な癖」と言うところにも時代が感じられる。だが，これらの古臭さが生野の古臭さだとしても，その古臭い生野に古臭いことばと古臭い事柄を持ち出され，高沢という人物が『古臭い人間』として描き出されているという結果には変わりがない。

もっとも，(15)の場合，重要なのは高沢の古臭さだけではない。それと共に重要なのは，このダダ漏らし発話が芝居であることが，読者に明らかだということである。あまりダダ漏らしをしない読者にとっては，ダダ漏らし過多の発話は不自然に感じられるが，その「不自然さ」とは，たとえば「どれ，その辺で腰でもおろすとするか。よっこらしょ」という発話を芝居臭く感じる話者が多いように，具体的には「芝居臭い」という違和感となる。ところが(15)では，生野の語りによって明らかにされているのは，高沢がまさに「あらかじめ自分で仕込んでおいた金を自分で発見する」という芝居をおこなっているということである。したがって，その中でおこなわれる発話

がいくら芝居臭くても不自然ではなく,「いくら何でもダダ漏らし過ぎで芝居臭い」という不自然さは,芝居という文脈に吸収されてしまう。

さらに言えば,この芝居が高沢の「妙な癖」として紹介されていることも,「芝居にしても,人はこんな芝居をふつうするだろうか。あまりにも奇妙ではないか」といった根本的な疑念を「妙な癖なのだから仕方ない」という形で封じ,高沢のダダ漏らしを自然に感じさせるのに一役買っている。

ハイキングの「ほら見て,あんなところにサルがいたよ」発話を探索課題なしでは不自然と判断する話者も,やはり探索課題がない (15) の「おや,ここに銭があった」発話は自然と判断しやすい。その背後には,話し手のキャラクタが『古臭い人間』であることをはじめとする,以上のような事情を見てとることができる。

ここで述べたことをまとめると,コミュニカティブな色彩が特に濃い発見の「た」の文も,コミュニカティブな色彩が濃くないダダ漏らしの発見の「た」の文も,話し手のキャラクタ(発話キャラクタ)によって自然さを変えるということである。発見の「た」の文を含んだ当該のコミュニケーション行動を得意とする発話キャラクタに,話者がなかなか思い当たれない場合,その文の自然さは低く判断される[29]。

発見の「た」に関する筆者の結論は,次の2点にまとめられる:第1点,発見の「た」に「探索意識」は必要だが,「期待」は不要なので,「発見」と「ミラティブ」のずれは比較的小さい。第2点,「期待」なしの発見の「た」は一部の話者にとっては自然さが低いが,その不自然さは「キャラクタ」という,「期待」の有無とは別の事情によるものである。

「発見の「た」」の「発見」をひとまず「ミラティブ」と考えてみることに筆者が同意したのは,以上のような検討に基づくものである。

---

[29] ここで既定のラベルのように持ち出した,他者領域への踏み込みをやってのける無遠慮な『おやじ』,自分の感覚を押しつけて誘導しにかかるお節介な『おばさん』,心内事情のダダ漏らしを得意とする『古臭い人間』という名前は全て一時的な間に合わせにすぎない。個々の発話キャラクタの特定とその詳しい観察は今後に持ち越されている。

6. 再び，類型論的展開

「「た」のパーフェクトが別のことば（「ている」）に浸食された」というマルチュコフ氏の仮説は，言うまでもなく「別のことばはパーフェクトを意味する」という前提を持っている。もしも「意味マップが何を反映するのか（意味なのか用法なのか），まずはっきりさせなければ」という立場に立てば，筆者はこの前提にも疑いの目を向けざるを得なくなる。（実際，共同研究の初期にはマルチュコフ氏にそう言っていた。）というのは，筆者は，「ている」の意味は，パーフェクトのようなアスペクト的な形でとらえ尽くせるものではなく，むしろ「現在という一時点においてこれこれこのようなデキゴト情報が観察される」という，エビデンシャルな把握になじむと考えているからである（定延 2006a）[30]。

この考えは，もちろん日本語内部の観察によって裏付けられてはいる。以下それを2点示しておく。

第1点は，「ている」が観察対象の不在を嫌うということである。たとえば（16）を見られたい。

(16) [「さあ，いま，あの実験室の照明をこのリモコンで切りました。これで実験室の中は真っ暗で」に続けて]
 a. 何も見えていません。
 b. 何も見えません。

「さあ，いま，あの実験室の照明をこのリモコンで切りました。これで実験室の中は真っ暗で」に続けて（16a）のように「何も見えていません」と言った場合，（16b）のように「何も見えません」と言った場合とは違って，実験室内に人なり動物なり，話し手に観察され得る対象（実験室内で「何も見え

---

[30] この考えを早くに打ち出した研究に柳沢（1994）がある。

ない」と感じるもの）が必要である。つまり「ている」は，観察対象が存在しない場合には不自然である。このような「ている」の性質は，「ている」の意味をアスペクト的な意味ととらえると説明が困難になる。

　第 2 点は，発話状況に存在するモノに生じた変化の表現についての，「ている」と「た」の違い（鈴木 1979; 井上 2001b; 定延 2012）である。たとえば，自宅に帰ったところ，誰もいない台所で，コンロにかけられたポットから湯気がさかんに出ているのが見えたとする。この時，奥にいるであろう家族に湯の沸騰を教えるには，「おーい，お湯が沸いたよー」のように (17a) の形で発話してもよいし，また「おーい，お湯が沸いてるよー」などと (17b) の形で発話してもよい。

(17) a. お湯が沸いた。
　　 b. お湯が沸いて（い）る。

実際に見たのは，湯が「沸いている」ところであり，「沸いた」ところ（つまり未沸騰状態から沸騰状態への変化）は見ていないが，それは推論で補うことができる。ここで推論というのは，［多分この湯は家族の誰かがコーヒーでも飲むために沸かしたのだろう］という見込みのようなものであってもよいし，また［そもそも湯が宇宙創生の段階から沸騰状態にあったはずはない以上，いま沸騰状態にある湯は時間を遡れば必ず未沸騰状態にあったはずで，その未沸騰状態から現在の沸騰状態に変化した，つまり沸いたのだ］といった厳密なものでもよい。

　ところが，このような推論による補完は，家族に湯の沸騰を教える上の場合のような，知識が語られる場合に限られる。話し手が体験を語る際には，このような推論は利用できない。他に誰もいない台所で，話し手は「あれ，お湯が沸いてる」などと (16b) の形で独り言を言うことはできるが，「あれ，お湯が沸いた」などと (16a) の形で独り言を言うことはできない。沸騰状態の湯を見て (16a) のように「沸いた」と独り言を言えるのは，沸騰状態だけ

でなく，先刻までの未沸騰状態を一瞬にせよ見た者，つまり未沸騰状態から沸騰状態への「沸く」という変化を経験した者として振る舞う「体験者」だけである[31]。

そして，文 (17a) のような「た」の文が変化の非体験者にとって言い難い一方で，文 (17b) のような「ている」の文が特に言い難くないという両文の差は，「ている」の意味をパーフェクトと考えると説明が難しい。というのは，パーフェクトはその定義上 (注3を参照)，「後続状態へのデキゴトの影響」という形で，デキゴトの成立を前提にしているからである。未沸騰状態から沸騰状態へという湯の過去のデキゴト (変化) を話し手が体験していないから「沸いた」と語れないというなら，そのデキゴトによる後続状態への影響もやはり話し手は体験していないので「沸いている」と語ることもできないはずである。むしろ，「ている」の意味はパーフェクトのようなアスペクチュアルなものではなく（したがってデキゴトの成立を前提にしておらず），証拠をたよりにデキゴトを述べるエビデンシャルなもの（したがってデキゴトの成立は前提にしない）と考える方が，「た」の文と「ている」の文の差をうまく説明できると考えられる。

以上2点に示したように，筆者が「ている」の意味を「現在という一時点においてこれこれこのようなデキゴト情報が観察される」というエビデンシャルなものと考えるのは，日本語内部での裏付けがあってのことである。だが，この考えに至った過程では，マルチュコフ氏からの類型論的なサポートも少なくなかった。以下にそれを2点紹介しておきたい（定延・マルチュコフ 2006; Sadanobu & Malchukov 2011）。

第1点は，内部状態（身体の痛みなど）の表現に関する人称制限である。

---

[31] 念のため言うと，「〜んだ」「〜のだ」の文は，本稿が考察対象とする（主節末尾の）「た」の文から外れる。したがって，たとえば「あ，台所でなにか音がすると思ったら，笛吹きケトルの音だ。誰が沸かしたか知らないけど，湯が沸いたんだ」のような文はここでの反例とならない。また，旅行ガイドは教会を目の前にして「この教会は16世紀にできました」などと「た」の文を発することができるが，これは職業的な知識語りであるから，反例にならない。

たとえば，現在の内部状態を述べる文として「私は痛みを感じる」は自然だが，「彼は痛みを感じる」は不自然で，「彼は痛みを感じている」などとする必要がある。ケチュア語，ツカノ語に関する研究（Aikhenvald 2004: 235）などを挙げてマルチュコフ氏が指摘したのは，類似の現象を諸言語のエビデンシャル表現に見出すことは難しくないということである。

第2点は，「ている」と動詞の意味的連動である。「ている」は，動作動詞（たとえば「走る」）に付けば継続を表し得るが（「走っている」），変化動詞（たとえば「死ぬ」）に付けば結果を表し得る（「死んでいる」）。そして，マルチュコフ氏がシェルパ語（Woodbury 1986）や中国語ピジン化したロシア語（Nichols 1986）に関する研究を挙げて指摘したことによれば，このような「ている」と動詞の動作性（動作動詞か変化動詞か）との意味的連動にも似たものは，「エビデンシャルのねじれ」（evidential skewing）として通言語的に観察されているということである。（興味深いことに，これらの連動は通言語的な追求が未だなされていない。）動詞の動作性によって「ている」の意味が変わることも，エビデンシャルのねじれの一種と理解できる。

もちろん，こうした類型論的知見も，先述した疑義（第4節）を免れるわけではない。だが，これまで音声コミュニケーション研究という別の研究文脈においても繰り返し発言してきたように（定延（編）2002: 3, 2005a, 2005b: 2-6, 2007: 21），完全無欠な研究手法というものがおそらくないとしたら，我々にできることは，さまざまな手法の長所と短所を意識しつつ組み合わせて考えていくことしかないだろう[32]。

7. おわりに

前節の末尾で述べたことは，本稿が副題とした「なぜ通言語的研究と交わるのか」という問いに対する答でもある。当たり前過ぎる答かもしれな

---

[32] さらに伝（2006: 208），Givón（1995: 21），定延他（2007）を参照されたい。

いが，筆者がこの答を我が身のものとできたのは，マルチュコフ氏との対話（第4節）を経た後のことである。通言語的研究には個別言語研究のさまざまな誤差やずれの集積が含まれ得るということを受け入れて，なおかつ，（個別言語研究を監督・支配する悪しきグローバリゼーションとしてではなく）個別言語研究と近い，魅力ある営みとして通言語的研究をイメージできるようになったのは，氏とのやりとりによるところが大きい。本論文集を「対話重視」の構成としたのも，そのためである。

本稿が下敷きとした拙論（定延 2008b）の末尾に，筆者は次のように書いた。

> マルチュコフ氏は現在，格に関するプロジェクトに忙殺されているが，日本語のテンス，アスペクト，モダリティ，そしてエビデンシャリティへの興味は変わらず，井上優氏の他，小柳智一氏，福嶋健伸氏らとも意見を交わしており，スケールのより大きな研究計画が深く静かに進行している。すなわち，記述的・類型論的・歴史的な言語研究者が結びつくことによって，日本語文法の地域的～類型論的～通時的展開の解明に貢献しようというものである。この計画の行方は筆者にもまだ見えないが，率直に何でも言い合える信頼関係のもと，日本語研究と類型論の双方にとって刺激的な議論が展開されるよう力を尽くしたいと考えている。

「深く静かに進行」していた研究計画の一部が，シンポジウムの形で，そして，このような論文集の形で日の目を見ることになったのは，ここにお名前を記した方々だけでなく，さまざまな方々のおかげに他ならない。心よりお礼申しあげたい。

付記

本稿は筆者とアンドレイ・マルチュコフ氏との共同研究を紹介したものだが，本稿に誤りや不十分な点があれば全て筆者一人の責任である。また，本稿の多くの部分は筆者のこれまでの論考に基づいているが，第5節以降の書き足しや最終的な統合の過程においては，日本学術振興会による科学研究費補助金（基盤研究（A），23242023）の援助を得た。

言及文献

Aikhenvald, Alexandra Y.（2004）*Evidentiality*. Oxford: Oxford University Press.
Andersen, T. David & John R. Roberts（1991）An exception to the hodiernal: Non-hodiernal distinction. *Studies in Language* 15-2, pp. 295–299.
Anderson, Lloyd B.（1982）The "perfect" as a universal and as a language-specific category. In: Paul J. Hopper（ed.）*Tense-aspect: Between semantics and pragmatics*, pp. 227–264. Amsterdam; Philadelphia: John Benjamins.
Bybee, Joan L., Revere Perkins, & William Pagliuca（1994）*The evolution of grammar: Tense, aspect, and modality in the languages of the world*. Chicago: University of Chicago Press.
Croft, William（2003）*Typology and universals*（2nd edition）. Cambridge: Cambridge University Press.
Dahl, Östen（1985）*Tense and aspect systems*. New York: Basil Blackwell. ［http://www2.ling.su.se/staff/oesten/recycled/Tense&aspectsystems.pdf］
DeLancey, Scott（1997）Mirativity: The grammatical marking of unexpectedness information. *Typology* 1, pp. 33–52.
伝康晴（2006）「談話データの定量的分析―タグの設計と集計―」，伝康晴・田中ゆかり（編）『講座社会言語科学6　方法』pp. 208–228. 東京：ひつじ書房.
Friedman, Victor（1979）Toward a typology of status: Georgian and other non-Slavic languages of the Soviet Union. In: Paul R. Clyne, William F. Hanks, & Carol L. Hofbauer（eds.）*The elements: A parasession on linguistic units and levels, April 20–21, 1979: Including papers from the conference on non-Slavic languages of the USSR, April 18, 1979*, pp. 339–350. Chicago: Chicago Linguistic Society.
Givón, Talmy（1995）*Functionalism and grammar*. Amsterdam; Philadelphia: John Benjamins.
Haspelmath, Martin（2007）Pre-established categories don't exist: Consequences for language description and typology. *Linguistic Typology* 11-1, pp. 119–132.
Hopper, Paul & Elizabeth C. Traugott（1993）*Grammaticalization*. Cambridge: Cambridge University Press.
井上優（2001a）「日本語研究と対照研究」『日本語文法』1-1, pp. 53–69.
井上優（2001b）「現代日本語の「タ」―主文末の「タ」の意味について―」，つくば言語

文化フォーラム（編）『「た」の言語学』pp. 97-163. 東京：ひつじ書房.
井上優（2002）「「言語の対照研究」の役割と意義」, 国立国語研究所（編）『日本語と外国語との対照研究 X　対照研究と日本語教育』pp. 3-20. 東京：くろしお出版.
井上優（2011）「動的述語のシタの二義性について」『国立国語研究所論集』1, pp. 21-34. [http://www.ninjal.ac.jp/publication/papers/01/pdf/NINJAL-Papers0103.pdf]
井上優（2014）「対照研究と通言語的研究」, 定延利之（編）『日本語学と通言語的研究との対話—テンス・アスペクト・ムード研究を通して—』pp. 165-205. 東京：くろしお出版.
井上優・生越直樹・木村英樹（2002）「テンス・アスペクトの比較対照—日本語・朝鮮語・中国語—」, 生越直樹（編）『シリーズ言語科学 4　対照言語学』pp. 125-159. 東京：東京大学出版会.
Johanson, Lars & Bo Utas (eds.) (2000) *Evidentials: Turkic, Iranian and neighboring languages*. Berlin: Mouton.
金水敏（1998）「いわゆる'ムードの「タ」'について—状態性との関連から—」, 東京大学国語研究室創設百周年記念国語研究論集編集委員会（編）『東京大学国語研究室創設百周年記念国語研究論集』pp. 170-185. 東京：汲古書院.
金水敏（2001）「テンスと情報」, 音声文法研究会（編）『文法と音声 3』pp. 55-79. 東京：くろしお出版.
金水敏（2003）『ヴァーチャル日本語　役割語の謎』東京：岩波書店.
金水敏（2007）「導入」, 金水敏（編）『役割語研究の地平』pp. 1-8. 東京：くろしお出版.
小柳智一（2014）「古代日本語研究と通言語的研究」, 定延利之（編）『日本語学と通言語的研究との対話—テンス・アスペクト・ムード研究を通して—』pp. 55-82. 東京：くろしお出版.
Lindstedt, Jouko (2000) The perfect: Aspectual, temporal and evidential. In: Östen Dahl (ed.) *Tense and aspect in the languages of Europe*, pp. 365-383. Berlin: Mouton.
Malchukov, Andrej (2009) Analyzing semantic maps: A multifactorial approach. *Linguistic Discovery* 8-1, pp. 176-198.
Maslov, Jurij S. (1988) Resultative, perfect, and aspect. In: Vladimir P. Nedjalkov (ed.) *Typology of resultative constructions*, pp. 63-85. Amsterdam; Philadelphia: John Benjamins.
益岡隆志（1987）『命題の文法—日本語文法序説—』東京：くろしお出版.
松田文子（1998）「眼前事態描写における「タ」の機能—過去時への遡りを要請する「タ」—」『日本語教育』97, pp. 72-82.
三上章（1953）『現代語法序説—シンタクスの試み—』東京：刀江書院.［くろしお出版から復刊（1972）］
Nichols, Johanna (1986) The bottom line: Chinese pidgin Russian. In: Wallace L. Chafe & Johanna Nichols (eds.) *Evidentiality: The linguistic coding of epistemology*, pp. 239-261. New Jersey: Ablex.

定延利之（2001a）「探索と現代日本語の「だけ」「しか」「ばかり」」『日本語文法』1-1, pp. 111–136.
定延利之（2001b）「情報のアクセスポイント」『言語』30-13, pp. 64–70. 東京：大修館書店.
定延利之（2002a）「時間から空間へ？―＜空間的分布を表す時間語彙＞をめぐって―」, 生越直樹（編）『シリーズ言語科学4　対照言語学』pp. 183–215. 東京：東京大学出版会.
定延利之（2002b）「「インタラクションの文法」に向けて―現代日本語の疑似エビデンシャル―」, 京都大学言語学研究編集委員会（編）『京都大学言語学研究』21, pp. 147–185. ［http://repository.kulib.kyoto-u.ac.jp/dspace/bitstream/2433/87818/1/kgn00021_147.pdf］
定延利之（編）（2002）『「うん」と「そう」の言語学』東京：ひつじ書房.
定延利之（2003）「基準設定からみた動作動詞と変化動詞」『日本認知科学会第20回大会発表論文集』pp. 20–21.
定延利之（2004a）「ムードの「た」の過去性」『国際文化学研究』21, pp. 1–68. ［http://www.lib.kobe-u.ac.jp/repository/81001271.pdf］
定延利之（2004b）「モノの存在場所を表す「で」？」, 影山太郎・岸本秀樹（編）『日本語の分析と言語類型―柴谷方良教授還暦記念論文集―』pp. 181–198. 東京：くろしお出版.
定延利之（2005a）「日本語のイントネーションとアクセントの関係の多様性」『日本語科学』17, pp. 5–25.
定延利之（2005b）『ささやく恋人，りきむレポーター―口の中の文化―』東京：岩波書店.
定延利之（2006a）「心内情報の帰属と管理―現代日本語共通語「ている」のエビデンシャルな性質について―」, 中川正之・定延利之（編）『言語に現れる「世間」と「世界」』pp. 167–192. 東京：くろしお出版.
定延利之（2006b）「ことばと発話キャラクタ」『文学』7-6, pp. 117–129. 東京：岩波書店.
定延利之（2007）「発見の「た」と発話キャラクタ」『言語』36-12, pp. 40–47. 東京：大修館書店.
定延利之（2008a）『煩悩の文法―体験を語りたがる人びとの欲望が日本語の文法システムをゆさぶる話―』東京：筑摩書房.
定延利之（2008b）「日本語研究と海外の言語研究のコラボレーション―「た」「ている」をめぐって―」『日本語学』27-14, pp. 28–38. 東京：明治院.
定延利之（2010）「「た」発話をおこなう権利」, 日本語／日本語教育研究会（編）『日本語／日本語教育研究』1, pp. 5–30. 東京：ココ出版. ［http://www.cocopb.com/NichiNichi/journal_1/%E3%82%A8%E3%83%B3%E3%83%88%E3%83%AA%E3%83%BC/2010/5/5_%E6%97%A5%E6%9C%AC%E8%AA%9E%EF%BC%8F%E6%97%A5%E6%9C%AC%E8%AA%9E%E6%95%99%E8%82%B2%E7%A0%94%E7%A9%B6__1__2010_files/2010_1_sadanobu.pdf］
定延利之（2011）『日本語社会　のぞきキャラくり―顔つき・カラダつき・ことばつき―』東京：三省堂.
定延利之（2012）「「体験」型デキゴトをめぐる研究の経緯と新展開」, 影山太郎・沈力

(編)『日中理論言語学の新展望 2 意味と構文』pp. 107–123. 東京：くろしお出版．
定延利之 (2012–)「日本語社会 のぞきキャラくり 補遺」(ネット連載) 三省堂ウェブサイト「三省堂 Word-Wise Web」http://dictionary.sanseido-publ.co.jp/wp/author/sadanobu/
定延利之・アンドレイ，マルチュコフ (2006)「エビデンシャリティと現代日本語の「ている」構文」，中川正之・定延利之 (編)『言語に現れる「世間」と「世界」』pp. 153–166. 東京：くろしお出版．
Sadanobu, Toshiyuki & Andrej Malchukov (2011) Evidential extensions of aspect-temporal forms in Japanese from a typological perspective. In: Tanja Mortelmans, Jesse Mortelmans, & Walter De Mulder (eds.) *In the mood for mood* (*Cahier Chronos 23*), pp. 141–158. Amsterdam; New York: Rodopi.
定延利之・友定賢治・朱春躍・米田信子 (2007)「レキシカルな韻律とフレーザルな韻律の関係―日本語共通語・新見市方言・中国語・マテンゴ語の対照―」，定延利之・中川正之 (編)『音声文法の対照』pp. 15–53. 東京：くろしお出版．
Slobin, Dan I. & Ayhan A. Aksu (1982) Tense, aspect, and modality in the use of the Turkish evidential. In: Paul J. Hopper (ed.) *Tense-aspect: Between semantics and pragmatics*, pp. 185–200. Amsterdam; Philadelphia: John Benjamins.
鈴木重幸 (1979)「現代日本語の動詞のテンス―終止的な述語につかわれた完成相の叙述法断定のばあい―」，言語学研究会 (編)『言語の研究』pp. 5–59. 東京：むぎ書房．
高木一広 (1993)「エピソード記憶意味論に基づく「た」の統一的分析」，日本言語学会第 107 回大会口頭発表．
高橋太郎 (1983)「スルともシタともいえるとき」，金田一春彦博士古稀記念論文集編集委員会 (編)『金田一春彦博士古稀記念論文集 I　国語学篇』東京：三省堂．[高橋 (1994) に再録]
高橋太郎 (1994)『動詞の研究―動詞の動詞らしさの発展と消失―』東京：むぎ書房．
寺村秀夫 (1971)「'タ'の意味と機能」，岩倉具実教授退職記念論文集出版後援会 (編)『言語学と日本語問題―岩倉具実教授退職記念論文集―』東京：くろしお出版．[寺村 (1984) に再録]
寺村秀夫 (1984)『日本語のシンタクスと意味 II』東京：くろしお出版．
Van der Auwera, Johan & Vladimir A. Plungian (1998) Modality's semantic map. *Linguistic Typology* 2-1, pp. 79–124.
王軼群 (2009)『空間表現の日中対照研究』東京：くろしお出版．
Woodbury, Anthony C. (1986) Interaction of tense and evidentiality: A study of Sherpa and English. In: Wallace L. Chafe & Johanna Nichols (eds.) *Evidentiality: The linguistic coding of epistemology*, pp. 188–203. New Jersey: Ablex.
柳沢浩哉 (1994)「テイル形の非アスペクト的意味―テイル形の報告性―」，森野宗明教授退官記念論集編集委員会 (編)『森野宗明教授退官記念論集　言語・文学・国語教育』pp. 165–178. 東京：三省堂．

第1章

定延論文へのコメント

アンドレイ・マルチュコフ

1. はじめに

　定延さんとはシンポジウムの前から話してきましたし，共著の論文も書いてきましたので，定延さんの立場は或る程度知っているつもりです。定延さんは主節末の「た」の意味として過去だけを認めてパーフェクトを排除され，また，「ている」についても，アスペクチュアルな意味は，より基本的なエビデンシャルな意味から生じるとされます。しかし，だからといって，定延さんが語句の根源的な意味を追求する立場（general meaning approach）に立って，私のような語句の多義性を追求して意味マップを作っていこうとする立場（polysemy approach）とは相容れないというわけではありません。定延さんはただ，日本語という個別言語の観察事実を重視し，必要十分な記述を目指しているのだということを，私は了解しています。

　今回の定延論文は，冒頭の「マルチュコフ博士」以降，あちこちに見られる私への賛辞を取り下げていただきたいという点は強く申しあげたいのですが，内容については，これまで話し合ってきたことも多く，また，それでも私の理解が十分でない部分もあると思いますので，以下の2点についてだけコメントさせていただきます。

2. ミラティブと事前の期待について

　定延論文によれば，現代日本語主節末の「た」は，必ずしも期待外のきもち（unprepared mind）と結びつくわけではなく，事前の期待がある場合にも用いられるとのことですね。詳しく調査してみれば面白いと思いますが，トルコ語の"-miş"はおそらく前者，つまり狭義のミラティブの場合しかありません（Slobin & Aksu 1982; Aksu-Koç & Slobin 1986）。さほど文法化されていませんが，英語の"turn out that"やロシア語のモーダルな小辞"okazyvaetsja"も同様です。ロシア語では，事前の期待通りである，あるいは事前の期待に反したという場合は，"taki"という別の語句が用いられます。
　以上は単純な指摘にすぎませんが，これらが意味マップ上でどう扱われるかについて次に述べておきたいと思います。

3. 言語間の意味マップについて

　意味マップについて，再び定延さんと読者諸氏の注意を喚起しておきたいと思います。重要なことは，言語Aの「パーフェクト」と言語Bの「パーフェクト」が同じではないということや，言語Aの「過去」と言語Bの「過去」がずれているということがわかったとしても，「パーフェクト」や「過去」といった概念を意味マップ上に設定できないということにはならないということです。それらの言語間の違いは，ずれている意味用法を設けることで，意味マップ上で表すことができます。
　上述したミラティブを例に取り上げれば，日本語の「た」はミラティブの他に，事前の期待に関連した（つまり anticipatory な）意味を持っており，他方，トルコ語の"-miş"はおそらくミラティブの意味しかありません。しかし，だからといって意味マップの根本的なあり方は変わりません。意味マップをズームインして眺めると，それまで一つに見えていた「ミラティブ」（広義）という概念が，「ミラティブ」（狭義）と「期待関連の意味」とい

う2つのカテゴリに分かれるということです。

　つまり意味マップは，ミクロレベルで，語句の用法として認められる諸概念どうしのつながりを明らかにするものです。語句の根源的な意味がマクロレベルでどのようにまとめられるかという問題とは直接関わりませんし，その根源的な意味が言語間でずれているとしても意味マップが描けないということにはなりません。この点についてはハスペルマス論文（Haspelmath 2003）が参考になると思います。

言及文献

Aksu-Koç, Ayhan A. & Dan I. Slobin (1986) A psychological account of the development and use of evidentials in Turkish. In: Wallace L. Chafe & Johanna Nichols (eds.) *Evidentiality: The linguistic coding of epistemology*, pp. 159–167. New Jersey: Ablex.

Haspelmath, Martin (2003) The geometry of grammatical meaning: Semantic maps and cross-linguistic comparison. In: Michael Tomasello (ed.) *The new psychology of language*, vol. 2, pp. 211–242. Mahwah, NJ: Lawrence Erlbaum.

Slobin, Dan I. & Ayhan A. Aksu (1982) Tense, aspect, and modality in the use of Turkish evidential. In: Paul J. Hopper (ed.) *Tense-aspect: Between semantics and pragmatics*, pp. 185–200. Amsterdam; Philadelphia: John Benjamins.

第1章
マルチュコフ氏への返答

定延利之

1. はじめに

　コメントをどうもありがとうございます。マクロレベルで語句の根源的意味を追求する立場（general meaning approach）と，ミクロレベルで語句の多義性ないし多用法性を追求する立場（polysemy approach）の違いについては，私自身は当初はあまり気にしていませんでした。マルチュコフさんが仰る通り，自分ではただ「現代日本語共通語」という一言語の必要十分な記述を目指しているつもりだったのですが，マルチュコフさんと話しているうちに，「現代日本語共通語」の記述を無反省に進めていくと，前者の立場と親和的になり過ぎて，後者の立場をないがしろにしてしまうおそれがあると感じるようになりました。「現代」「共通語」と限定しているために見え難くなっていますが，「現代日本語共通語」はその内部に，動的な部分を必ず含んでいます。動的な部分というのは，たとえば，或る語句の，よくある用法だったものがその語句の意味に転じ，逆にそれまでの意味が一用法に変質するというような新たな変化の兆しのことであり，またたとえば，そうした意味と用法の意識が話者の地域や世代などによってずれているといったうねりのことです。これらの「現代日本語共通語」の動的な部分を見落とさずとらえていくには，語句の根源的意味だけでなく用法にも十分注意を払う必要があるということに気づかせてくれたマルチュコフさんに，改めて感謝したいと思います。

以下，2点に分けてお返事します。

2. ミラティブと事前の期待について

　意味マップにおいてズームインすることによって，ミラティブが狭義のミラティブと事前の期待に関連した意味の2つに分かれること，両者の区別が通言語的に珍しくないということはよくわかりました。これは個人的には，朝鮮語に関する井上さんたちのご研究（井上・生越 1997）を思い出させるものです。井上さんたちによれば，朝鮮語の過去形 "-ess-" が眼前状況の描写に現れるには，事前の期待が必要（期待通りか，期待に反するかは問わない）ということです。つまり "-ess-" は，マルチュコフさんが指摘されたロシア語 "taki" と似ていると言えそうです。
　これらの語句とは異なり，日本語の「た」は話し手の事前の期待を必要とせず，事前の期待の有る場合だけでなく，事前の期待の無い狭義のミラティブの場合にも（想定される発話キャラクタによっては）現れるということは拙論で述べた通りです。このことは，「発見の「た」をミラティブと呼んでよいか否か？」という問題を追及する中で重要な意味を持っていましたが，マルチュコフさんに他言語の例をご指摘いただいて，このような発見の「た」の意味の広さ（つまり「ミラティブ」だけでなく事前の期待に関連する意味も表せること）は，通言語的にありふれたものではなく，特別で，説明を要する現象なのではないかと思い至りました。
　発見の「た」の意味の広さを説明する原理として，私が考えているのは，知識と体験の違いです。以下この考えをご紹介します。

3. 知識と体験について

　我々の議論の出発点は，過去とミラティブだけを表し，他の意味は表さないという「た」の多義性でした。過去とミラティブだけという多義性は通言

語的に非常に珍しく，意味マップにおいて両概念は離れたところに設定されています。そのような不連続な概念が共に「た」でカバーされるのは，（別のことば「ている」による意味浸食という）歴史的な特殊性によるものではないかというのがマルチュコフさんの仮説でした。

　しかし，この多義性は，いかに特殊な歴史的経緯に動機づけられたものであったにせよ，世代から世代へと継承されていくとなると，話者の心内でそれなりに安定した，自然なものに変質せざるを得ません。発見の「た」の意味の広さは，当初の「た」の意味領域の一つであったミラティブ（狭義）が，過去と相性のよいものに再解釈され，変質した結果ではないかというのが私の考えです。

　この考えを紹介する上で，図1に挙げるマッハ（Ernst Mach）の自画像は理解の助けになるかもしれません。

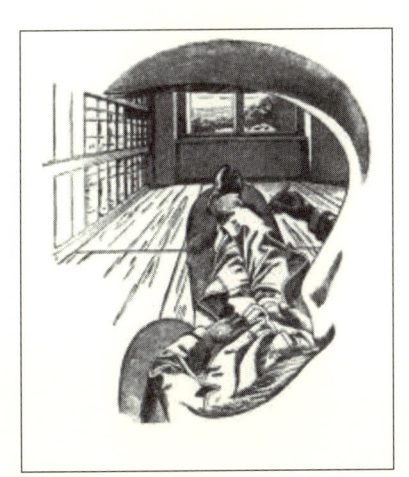

図1：マッハの「自画像」（E. Mach, *Die Analyse der Empfindungen und das Verhältnis des Physischen zum Psychischen*, エルンスト・マッハ『感覚の分析』（須藤吾之助・廣松渉訳，法政大学出版局，1971, p. 16.））

　通常の自画像と異なり，この自画像では描き手の目（左目）から見た自身の姿が描かれていますが，これは［現在という状態を体験する］というデキ

ゴトを描いたものとみなすこともできます。状態「東京に東京スカイツリーがある」はただの知識でしかないけれども、状態「いま目の前にこの論文集がある」は読者にとってデキゴトだということ、状態それ自体は状態でしかないけれども、我々がそれを体験することによって、それはデキゴトになるということは、既に拙論（第5.1節）で述べた通りです。

さて、話し手が何かに対して驚くと、それは知識としてではなく体験として語られやすくなります。しかし、一瞬一瞬を体験し生きていく意識の中では、体験され語られようとしている現在（図2のt2）の一瞬は、語られる時点（図2のt3）では既に（直前とはいえ）過去の一瞬になっています。

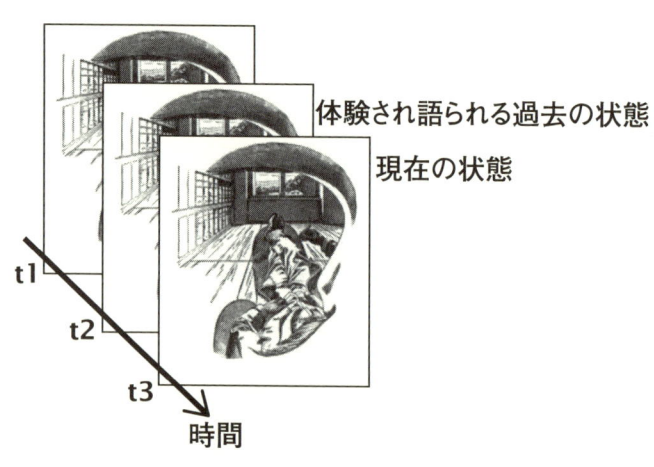

図2：一瞬一瞬を体験し生きていく意識

日本語母語話者の心内における発見の「た」の2つの意味（ミラティブと過去）は、このように「驚きが体験として語られる場合、その体験は既に過去になっている」という形で、体験情報の表現において結びついているのではないか、ミラティブが過去とうまく結びつくように再解釈され変質しているため、事前の期待の有無は大きな違いではなくなり、発見の「た」の意味領域が本来のミラティブ（狭義）だけでなく事前の期待関連の意味まで含め

た形に広がったのではないかというのが私の考えです。
　ミラティブ（狭義）の意味を表してはいても，知識の表現であれば，事情はまったく違ってきます。条件表現「なら」を取り上げてみましょう。言語類型論にミラティブという概念を持ち込んだ DeLancey (1997: 48) は，日本語の条件表現「なら」が持つ「新規獲得」の意味は (Akatsuka 1985)，ミラティブと本質的に同じだと述べています。
　基本的には「なら」は条件の表現で，当該の情報が事実か否か不確かであることを表しますが，それに加えて，「なら」は当該の情報が新しく獲得されたばかりであることを表すこともあります。たとえば，次の文 (1) における「なら」は，条件の意味と新規獲得の意味という 2 つの意味を併せ持ち，この文を曖昧にしています。（文頭の「&」印はこの意味です。）

（1）&彼が来たなら私は帰る。

「なにか玄関で物音がしたけど，彼が来たの？　来てないの？　彼が来たなら私は帰るけど」のように，彼が来たかどうかは不明だが，もし来たのなら帰るというのが条件の意味です。そして，「あ，そう。彼，来たんだ。彼が来たなら私は帰るよ。いま顔を合わせるとまずいもんでね」のように，他の者から「彼が来た」と伝え聞いてそれを信じ，彼が来た以上この場にはいられないので帰るというのが新規獲得の意味です。後者の意味の場合，「なら」は順接の「から」にやや近いと言えます。
　このように，条件と新規獲得の意味を併せ持つ言語表現があるということは，人間にとって条件と新規獲得の意味が近いということを示しています。つまり，事実として新規獲得された情報は，事実か否か不確かな情報に近いということで，これは情報の「染み込み」（既有知識と結びついて体系を構成すること）に時間がかかるということでもあります。
　もっとも，全ての条件表現が「なら」と同様に多義的というわけではありません。より具体的には，「たら」「ば」「と」は条件の意味は持つけれども

新規獲得の意味は持たず、次の（2）は(a)(b)(c)いずれも曖昧ではありません。

(2) a. 彼が来たら私は帰る。
    b. 彼が来れば私は帰る。
    c. 彼が来ると私は帰る。

ここで注意すべきは、「たら」「ば」「と」は全て、程度の差こそあれ、体験の表現に現れ得るということで、たとえば次の（3）は、「たら」の文(a)も、「ば」の文(b)も、「と」の文(c)も、「そこに行き、食料を得た」という話し手の過去の体験を表せます。

(3) a. そこに行ったらご飯がもらえた。
    b. そこに行けばご飯がもらえた。
    c. そこに行くとご飯がもらえた。

それらとは異なり、「なら」は体験の表現に現れず、次の「なら」の文(3d)は上と同様の体験を表しません。

(3) d. そこに行くならご飯がもらえた。

「そこに行くならご飯がもらえた。でも、私は「行かない」と最後まで拒否し続け、結局ご飯はもらえなかった」のように、文(3d)は知識を表す一方で、「そこに行き、食料を得た」という体験は表さないということです。つまり、条件の意味と新規獲得の意味の多義性という、染み込み速度の遅さを反映した現象は、知識的色彩の最も濃い「なら」にしか見られません。

同じミラティブの意味を表すといっても、体験の表現は瞬時に受け止められ、だからこそ一瞬後には過去になり発見の「た」が生じる一方で、知識の

表現は染み込みに時間を要すため受け止めに時間がかかるという点で違いがあります。DeLancey（1997）がミラティブを表すと指摘したのは知識の表現「なら」でしたが，日本語では知識と体験の違いが大きく，一瞬一瞬を体験し生きていく意識に基づき，発見の「た」が一瞬前の体験を表せる点が特徴的なのかもしれないと考えています。

なお，知識と体験についてのさらなる違いについては定延（2013）をご覧いただければと思います。

言及文献

Akatsuka, Noriko (1985) Conditionals and epistemic scale. *Language* 62, pp. 625–639.

DeLancey, Scott (1997) Mirativity: The grammatical marking of unexpectedness information. *Typology* 1, pp. 33–52.

井上優・生越直樹（1997）「過去形の使用に関わる語用論的要因―日本語と朝鮮語の場合―」『日本語科学』1, pp. 37–52.

定延利之（2013b）「推論利用可能性と染み込み速度に関する知識と体験の異なり」『電子情報通信学会技術研究報告』113-354, pp. 35–40.

第1章

再コメント

アンドレイ・マルチュコフ

　お返事を伺って，「た」が或る種の個人的な体験的過去と関わっていること，「ている」にも同様のモーダル化が生じているということが改めてわかってきました。英語ではテンス形式の基本的な用法はあくまで時間的なもので，ムード／エビデンシャルな用法は語用論的な含意によってかもし出されるにとどまるのですが，日本語ではそうではなく，テンス形式がムード／エビデンシャル／ミラティブ的な意味を担っているようで，興味深く思います。

　（少なくとも通常の）ミラティブが聞き手を必要としないのに対して，沸騰の事例で，沸騰しているお湯を見ながら「沸いた」と言うには聞き手が必要だということは，この「た」がミラティブではないということを示しているように思います。これは，自分で何かを目の当たりにして言う体験の表現と，他人に教えてやる知識の表現の違いが大きいということなのかもしれません。

　家族に向かって「沸いている」と言えるということで思い出されるのは，一部の言語では対話の中でパーフェクトの形式がモーダルやミラティブの意味で使われるということです。しかし，日本語の「た」や「ている」は，時間的な意味よりもミラティブないしエビデンシャルな意味が強まっているのでしょう。

知識と体験をはじめ，新たに伺いたいことが出てきましたが，それは今後さらに定延さんと対話を続けていく中で質問させていただきます。ありがとうございました。

第 2 章

史的研究と通言語的研究との対話

小柳智一，アンドレイ・マルチュコフ

第 2 章
古代日本語研究と通言語的研究

小柳智一

1. はじめに

　本稿は，古代日本語研究が通言語的研究にいかに貢献できるかという立場に立つものではない。考察の結果が通言語的研究の役に立てば，もちろん幸いだが，通言語的研究の知見を参照すると，古代日本語について何が見えるかということに関心がある。一般論として，ある立場に立つ研究を，別の立場に立つ研究に益することを目的として行うのは，危険を伴う。研究者にその気がなくても，都合のよいデータの提示や，安易なつじつま合わせに終わる可能性があるからである。そうなれば，双方にとって不幸である。必要なのは，別の立場への貢献ではなく，異なる立場との対話である。対話はそれぞれの先にある課題に目を開かせるだろう。本稿は，古代日本語研究の立場に立って，通言語的研究との対話を試みようとするものである。

　ここで言う「古代日本語」とは，11 世紀以前の日本語のことだが，特に，文献的に遡ることのできる最古の時代，すなわち 8 世紀頃の日本語を主たる対象とする。話題としてムード・テンス・アスペクトを取り上げるが，これは古代日本語研究でも通言語的研究でも，研究の蓄積が豊富だからである。ただし，エビデンシャルやミラティブにも及ぶ。以下に，本稿で使用する用語を整理し，本論の概要を示す。

　（1）　モダリティ（modality）：事態の非現実性，可能性や必然性などの

　　　　様相，また，そのように把握する発話者の判断の仕方を表す文法範
　　　　疇。ムード（mood）はそれを表す文法形式。
（2）　テンポラリティ（temporality）：現在・過去・未来という時間的様
　　　　相を表す文法範疇。テンス（tense）はそれを表す文法形式。
（3）　アスペクチュアリティ（aspectuality）：動作の完了・未完了や結果
　　　　継続などの時間的局面を表す文法範疇。アスペクト（aspect）はそ
　　　　れを表す文法形式。
（4）　エビデンシャリティ（evidentiality）：ある事態を何で知ったかとい
　　　　う情報の入手源を表す文法範疇。エビデンシャル（evidential）はそ
　　　　れを表す文法形式。
（5）　ミラティビティ（mirativity）：予期していないことに対する意外性
　　　　とそれに伴う驚嘆を表す文法範疇。ミラティブ（mirative）はそれ
　　　　を表す文法形式。

　本稿は，まず，第2節で古代日本語のムード「む」が表す多義的な広がり
を，通言語的研究の知見と照合する。その結果，「む」の意味は通言語的に
描かれた意味マップに載るが，その意味マップの径路を辿ったとは言えず，
また，内容語の機能語化という文法化にも該当しそうにないことを述べる。
　次に，第3節ではテンスとアスペクトを取り上げる。通言語的研究の指摘
するアスペクチュアリティからテンポラリティへの変化が，古代日本語でも
認められることを述べる。また，テンスの「けり」がエビデンシャルとミラ
ティブにも広がり，これも通言語的に見られる現象であることを述べる。
　続く第4節では，エビデンシャルの「なり」「めり」を取り上げて，視覚
的あるいは聴覚的に情報を得たことを表す形式が古代日本語にあり，通言語
的に見て聴覚的なエビデンシャルの存在が特徴的であることを述べる。
　最後に，第5節では，古代日本語のテンス・アスペクト・エビデンシャル
に存在動詞「あり」が深く関わることを指摘する。語形成上「あり」を含む
文法形式は，文法範疇の相違を越えて1つのモダリティを共有し，それが

古代日本語の存在動詞の意味に起因することを述べる。

2. ムードをめぐって
2.1 モダリティの意味変化の径路

　古代日本語研究との関連でまず思い浮かぶ通言語的研究の知見は，内容語の機能語化を指す「文法化」(grammaticalization) と，1つの文法形式の表す複数の意味のつながりを図式化した「意味マップ」(semantic map) である。ある形式が機能語化する過程と，ある形式が特定の径路に沿って意味変化する過程は，絡み合いながら進むこともあるが，2つは別の事柄なので，分けて考えたい。この2つを念頭に置いて，ムードの「む」について見よう。

　ムードに関わる歴史的変化について，通言語的研究では以下に紹介するようなことが知られている。(6)に挙げるのは，現代の通言語的研究の成果ではないが，はやくから英語史研究で知られていたことである。

(6)　will は元々 'desire' 又は 'intend' を意味する動詞であるので，《中略》而して斯の如き原義のものが，転じて未来と観ぜらるゝものに進展することは極めて自然のことで，　　　　　　(細江 1932: 150)

　これは，英語の will が欲求や意図を表す内容語（動詞）から未来を表す機能語（いわゆる助動詞）へ変化したことを述べ，内容語の機能語化と，意味マップの径路を合わせて説いている。現代の通言語的研究では，より広い視野に立って(7)のような詳しい意味マップを描いている。(6)は(7)の一事例として位置づけられる。

(7)　DESIRE → WILLINGNESS → INTENTION → PREDICTION
　　→ FUTURE　　　　　(Bybee *et al.* (1994: 256)：一部加工)

また，モダリティを，義務・許可などを表す deontic modality（束縛的モダリティ）と，推量などの話者の判断を表す epistemic modality（認識的モダリティ）に分けた時，次のように前者から後者へ意味的に変化する場合が多いこともよく知られている[1]。

（8）　deontic modality → epistemic modality

以上を大まかにまとめると，モダリティの意味変化の方向は（9）のように整理される。

（9）　未遂の行為の意図・促進→未来の事態の予期・推量

この意味変化は時間が経てば必ず起こるというわけではなく，もし意味変化が起これば，このような方向で変わるのが通言語的に見て自然だということである。また，意味マップが問題にするのは，意味の出現順であって，意味の交替までは考えていない。したがって，後続の意味が出現しても先行の意味が消失するとは限らず，共存する場合も当然ある。意味マップは変化の径路というより，意味拡張の自然な方向と考えた方が適切だろう。なお，言うまでもないことだが，こうしたことはモダリティに限った話ではなく，次節で見るアスペクチュアリティ・テンポラリティや，その他の文法的な意味変化に関しても同じである。

2.2　「むとす」の事例

日本語にも（9）に該当する事例がある。古代日本語に，ムードの「む」と引用マーカーの「と」と動詞「す」（「する」という意味）からなる「むとす」という構造体（construction）があり，「す」が意志的な動作一般を表

---

[1] モダリティに関する諸説の概要については，澤田（2006）を参照。

すために，古くは (10a) のように専ら意志を表していた。それが後には，(10b) のように，推量も表すようになる。

(10) a. 小里なる　花橘を　引き攀ぢて　折らむとすれど〔乎良無登須礼杼〕うら若みこそ
(村里にある橘の花をつかんで折ろうとするけれど，あまりに若いものだからやめておく。) 意志
（万葉集・巻 14・3574 番：8 世紀後期）
b. かく鎖し籠めてありとも，かの国の人来ば，みな開きなむとす。
（このように鍵を掛けて私を閉じ込めておいても，あの国の人が来たら，扉は自然に全部開いてしまうでしょう。) 推量
（竹取物語：9 世紀末 –10 世紀初）

このように，「むとす」の表す意味は，意志から推量へ拡張した。これは (9) に合う。ちなみに，「むとす」から変化したとされる後世の「うず」でも同じように，やはり意志と推量を表す。

(11) a. 我，昨日の約束のごとく，海の水をことごとく飲み尽くそうず〔nomitçucusŏzu〕。
（私は，昨日の約束の通り，これから海の水をすべて飲み尽くしてみせよう。) 意志　　（エソポのファブラス：16 世紀末）
b. 当座の威勢に驕る者は，以来の難儀に躓こうず〔tçumazzucŏzu〕。
（現在の威勢に驕り高ぶる者は，今後生じる災難に挫折するだろう。) 推量　　（エソポのファブラス：16 世紀末）

2.3　ムードの「む」の意味

それでは，「む」はどうだろうか。「む」は文献的に遡りうる最古の時代から多義的で，次のように，推量・意志・希求などの意味を表していた。

(12) a. 夕さらば　潮満ち来なむ〔塩満来奈武〕　住吉の　浅香の浦に　玉藻刈りてな

（夕方になると，潮が満ちて来るだろう。住吉の浅香の浦で海藻を刈り取りたい。）推量　　　（万葉集・巻2・121番：8世紀後期）

b. いで我が駒　早く行きこそ　真土山　待つらむ妹を　行きて早見む〔去而速見牟〕

（さあ我が馬よ，早く行ってくれ。私を待っている彼女に，行ってすぐに会おう。）意志　　（万葉集・巻12・3154番：8世紀後期）

c. 我がやどの　花橘に　ほととぎす　今こそ鳴かめ〔今社鳴米〕　友に逢へる時

（私の庭の橘で，ほととぎすよ，今鳴いてほしい。友に会っているこの時に。）希求　　　（万葉集・巻8・1481番：8世紀後期）

　(12)の「む」の意味は(7)の意味マップに載るものと重なる[2]。しかし，確認しうる最古の状態から多義的なので，意味の発生した順番はわからず，(7)や(9)の径路を辿ったのかどうかは不明である。

　ここで，思考実験をしてみる。「む」の多義性を(9)を辿った結果と仮定し，さらに，内容語の機能語化が起こったという仮定も加える。そうすると，「む」の起源を，未遂の行為の意図・促進を表す何らかの内容語（動詞）に求めたくなるだろう。実際，細江(1932: 151)は「む」の起源に，次のような「思ふ」（「思う」という意味）を想定した。

(13) 年月は　新た新たに　相見れど　我が思ふ君は〔安我毛布伎美波〕　飽き足らぬかも

（年月は改まるごとに見るけれども，私が思っているあなたは見飽きることがないなあ。）　　（万葉集・巻20・4299番：8世紀後期）

---

[2] これらの主要な意味以外に勧誘や仮定などもあるが，省略する。詳しくは『時代別国語大辞典上代編』(1991，三省堂) などを参照。

しかし，細江（1932）は「思ふ」から「む」へ形態がどのように変化したかを説明していない。他にも，「見る」を起源として想定する説もあるが，やはり「見る」から「む」への形成過程は不明である[3]。このように，動詞を想定してそこから「む」を導き出すのは困難であり，内容語の機能語化によって「む」の起源を捉えることはできないと考えられる。

2.4 「む」の起源

それでは，「む」の起源をどのように考えるべきか。注目されるのは，古代日本語の動詞に付く機能語（いわゆる助動詞）に1音節のものが多いことである。(14) に一覧を挙げる。

(14) a. 未然形に付く：ゆ（受身・自発）　す（使役）　ず（否定）　む（推量・意志）　じ（否定推量・否定意志）
　　 b. 連用形に付く：き（過去）　ぬ（完了）　つ（完了）

これらの中には，内容語を起源に持つものもあるかもしれない。例えば，通説では「ぬ」は動詞「往ぬ」（「去る」「行く」という意味）から，「つ」は動詞「棄つ」（「捨てる」という意味）からできたとされる。その一方で，動詞構成の接辞（動詞語尾）を起源とするものがあり，受身・自発の「ゆ」は「見ゆ」（「見る」に対する自動詞）などの自動詞構成の接辞から，使役の「す」は，「荒らす」（「荒る」に対する他動詞）などの他動詞構成の接辞からできたと目される。受身と自動は他に働きかけず，使役と他動は他に働きかけるという共通性があるので，日本語では受身と自動，使役と他動は連続的に捉えられる。このように，動詞構成の接辞から発達した機能語がある。同じように，「む」にも起源として想定しうる接辞があり，川端（1997: 463–469）は，(15) のような変化動詞構成の接辞を考えた。

---

[3] 吉田（1970）に諸説の整理があるが，見るべきものはない。

(15) a. 痛し—痛む（痛い状態になる，痛く感じる）
    b. 涼し—涼む（自身を涼しい状態にする）
    c. 憂し—倦む（嫌だと思う状態になる，嫌になる）

　接辞「む」は形容詞語幹に付いて動詞化し，形容詞の表す状態になる，あるいは状態にすることを意味する[4]。したがって，接辞「む」による動詞は，ある状態へ変化・推移することを含意しており，これはまた，変化後の状態を予想することにもなる。予想される状態は現在まだ起こっていないので，そこから，ある状態・事態が未実現・非現実（irrealis）であることへ転じるのはありうる意味拡張だろう。(16)に図示する。

(16)　変化・推移→変化後の予想→未実現・非現実

　(12)で，ムードの「む」が推量・意志・希求を表すことを見たが，これらに共通するのは，まさに未実現・非現実という意味である。ムードの「む」が未実現・非現実を表すとする見方はこれまでにもあり（山田(1908: 457)，野村(1995)，尾上(2001: 436)など）、この見方によれば，(12)の推量・意志・希求は「む」が直接的に表す意味ではなく，未実現・非現実という意味が統語的な位置（文末か否か）や動作主の人称，文脈によって解釈されたものと考えられる。現代日本語では推量を「だろう」，意志を「う・よう」，希求を「てほしい」などで表し分け，我々はこれに慣れているので，「む」の意味を一々どれかに決めたくなるが，古代ではそのような区別に関心を払わず，ただ起こっていないことを言えばよかったという想定は十分に成り立つ。これが正しければ，推量・意志・希求の意味の出現に新旧の差は

---

[4] 馬淵(1999: 348)は，「む」による動詞が意志的動作を表すとする。そうであれば，ムードの「む」は意志から出発したと考えられ，(9)と合致することになる。しかし，自然の変化を表す「霞む」「凹む」「撓む」「淀む」などの反例がある。

なく，（7）や（9）の径路を辿ったと見る理由もなくなる[5]。

このように考えてくると，結局，先の2つの仮定——「む」の多義性は（9）の径路を辿った結果である，および，「む」は内容語が機能語化したものである——は，妥当でなかったことになる。しかし，意味変化の方向性を措けば，（7）や（9）の意味マップに載る DESIRE・WILLINGNESS・INTENTION（未遂の行為の意図・促進）と PREDICTION・FUTURE（未来の事態の予期・推量）は，「む」の意志・希求と推量に重なっている。また，上では「む」は未実現・非現実を表し，文脈によって推量・意志・希求を表すと考えたが，Whaley (1997: 225–226，邦訳 228–229) は，非現実を表す形式が命令・義務・勧奨や未来を表す言語の例（パラオ語，ラコタ語）を挙げている。こうしたことは，「む」の多義的な広がり（範囲）が特殊ではなく，言語の自然な姿としてありうるものであることを教えてくれる。

以上のように，通言語的研究の知見は，たとえ完全には合致しなくても，その点に注意した上で参照すれば，古代日本語をより広い視野で検討し，なされた推論の蓋然性を測る助けになる。

3. テンス・アスペクトをめぐって
3.1 テンポラリティ・アスペクチュアリティの意味変化の径路

次に，テンス・アスペクトを取り上げる。通言語的研究では，次のようなアスペクチュアリティからテンポラリティへ，またはエビデンシャリティやミラティビティへという意味マップを描いている。

---

[5] なお，黒滝 (2005: 128–135) は，日本語では epistemic がプロトタイプだとし，ムードの「む」も（8）とは逆に epistemic から deontic へという変化を主張する。しかし，「む」についてその確証を私は得られない。

(17) resultative → anterior → perfective/simple past
　　　　　　　　→ inference from results → indirect evidence
　　　　　　　　　　　　　　　　　　　　　　　→ mirativity
　　　　　　　　(Bybee *et al*.（1994: 105）：工藤（2006）による一部加工)
(18)　結果→パーフェクト→過去
　　　　　　→ミラティブ（定延（2008, 2014: 図1（本論文集所収））も参照）

これを参照しつつ，古代日本語のテンス・アスペクトである「き」「けり」「たり」を見直し，意味変化やエビデンシャリティ・ミラティビティとの関係を考えてみたい。

3.2　古代日本語のテンス・アスペクト

古代日本語にも（17）（18）に沿う変化が起こったと考えられる。まず，「き」という過去（past）のテンスは，かつては結果継続（resultative）を表すアスペクトだったと考えられる。

(19) a.　……　下枝の　枝の末葉は　在り衣の　三重の子が　捧がせる
　　　　瑞玉盞に　浮きし脂〔宇岐志阿夫良〕　落ちなづさひ　……
　　　　（下の枝の先の葉は，三重の女官である私が差し上げている美しい盃に，浮いている脂のように，落ちて漂い，）結果継続
　　　　　　　　　　　　　　　　　　（古事記歌謡・99番：8世紀前期）
　　b.　大き海の　奥かも知らず　行く我を　いつ来まさむと　問ひし兒
　　　　らはも〔問之児良波母〕
　　　　（果ても知らず遠く行く私なのに，いつ帰っていらっしゃるのと尋ねたあの娘。）過去　　（万葉集・巻17・3897番：8世紀後期）
　　c.　藤原の　古りにし里の　秋萩は　咲きて散りにき〔開而落去寸〕
　　　　君待ちかねて
　　　　（藤原の古都の萩の花は，咲いて散ってしまった。あなたを待ち

きれなくて。）過去　　　（万葉集・巻10・2289番：8世紀後期）

　結果継続の例[6]は(19a)のように連体節末に見られるが，連体節末は古い用法が残りやすい環境である。過去の例は(19b)(19c)のように，連体節末にも主節末にも見られ，環境が制限されない。こうしたことや，そもそも結果継続の例が文献上すでに多くは確認できないことから，結果継続の意味の方が古く，「き」は結果継続から過去へ変化したと考えられる。

　次に，「けり」は(20b)のように過去も表すが，(20a)のように継続的な意味も表す。(20a)は，動作完了後の結果状態の存在，すなわち結果継続を表すのではないが，ある事態が以前に起こり，それが現在まで伝えられて来ていることを表すので，アスペクチュアリティに属する継続的な意味である。以下では，この意味を「伝来」と称することにする。

(20) a.　……　神代より　言ひ継ぎけらく〔伊比都芸家良久〕父母を見れば貴く　妻子見れば　かなしくめぐし　うつせみの　世の理と　かくさまに　言ひけるものを〔伊比家流物能乎〕……
　　　　（神の時代から言い伝えてきていることには，「父母を見ると尊く思われ，妻子を見ると切なく愛しく思われる。これが世の道理である」と，このように言ってきているのに，）伝来
　　　　　　　　　　　　　（万葉集・巻18・4106番：8世紀後期）
　　b.　鶏が鳴く　東の国に　古に　ありけることと〔有家留事登〕今までに　絶えず言ひける〔不絶言来〕……
　　　　（東国で昔あったことだと，今日まで途絶えずに言ってきている，）過去，第2例は伝来　（万葉集・巻9・1807番：8世紀後期）

　「けり」の起源は，動詞「来」（「来る」という意味）と，存在を表す動

---

[6]　結果継続の例の詳細については，山口（1985: 500–506）を参照。

詞「あり」が融合した「来り」(「来て(ここに)存在する」という意味)だと推定されている((33)を参照)。伝来の意味はこの起源の意味に近いので古く，過去の意味は後から発生したと考えられている。「けり」のように，'come' の意味の内容語に由来するテンスの例は，他言語にもある(Bybee et al. 1994: 105; Heine & Kuteva 2002: 72–73)。「けり」についても，アスペクチュアリティからテンポラリティへの変化を認めてよいだろう。

次に，「たり」は(21a)のような結果継続の他に，(21b)のような完了(perfective)も表す。

(21) a. 志雄道から　直越え来れば　羽咋の海　朝凪ぎしたり〔安佐奈芸思多理〕　船梶もがも
　　　(志雄道沿いにまっすぐ山を越えて来ると，羽咋の海は今朝凪いでいる。船の梶があればよいのに。) 結果継続
　　　　　　　　　　　　　　　　(万葉集・巻17・4025番：8世紀後期)
　　b. 我はもや　安見児得たり〔安見児得有〕　皆人の　得かてにすと言ふ　安見児得たり〔安見児衣多利〕
　　　(私は安見児を手に入れた。みなが無理だと言っている安見児を手に入れた。) 完了　　(万葉集・巻2・95番：8世紀後期)

「たり」は，状態の副詞節を構成する接辞「て」に，存在の「あり」が付いた「てあり」(「～の状態で存在する」という意味)が起源であり((33)を参照)，結果状態が存在することを表す結果継続の意味が古く，完了の意味は後に生じたと考えられる。また，「たり」は後に「たり→たる→た」と形態が変化して，現代日本語の「た」につながる。現代日本語の「た」は過去のテンスと見てよいと思うが，過去のテンスになりきる途中段階では，(22)のように結果継続を表すこともあった。

(22)　(大名)苦しうない事ぢや。持つてたもれ。(昆布売)持つまいでは

ござらぬが，手が空きまらせぬ。(大名) それ，左の手が空いたは。
(遠慮する必要はない。この刀を持ってくれ。／持つつもりがない
わけではありませんが，手が空いておりません。／それ，その左手
が空いているわ。) 結果継続 (虎明本狂言集・こぶうり：17 世紀前期)

「たり」「た」は，このように結果継続から完了，さらに過去へ変化してお
り，(17)(18) のアスペクチュアリティからテンポラリティへという径路を
辿っていることがわかる[7]。

以上のように，古代日本語のテンス・アスペクトは，前節のムードの
「む」とは事情が異なり，通言語的研究の指摘する意味マップと合致する。

3.3　「けり」とエビデンシャリティ

ところで，よく知られているように，細江 (1932: 127-131) は，ともに過
去を表す「き」と「けり」の違いを，トルコ語の -di と -miş の違いに対応
させ，「目睹回想」(Eye-Witness Past) と「伝承回想」(Reporting Past) の区
別と見た[8]。(23) は細江 (1932) の挙げるトルコ語の例である。

(23) a.　o yazdî=He wrote (in my presence).
　　 b.　o yazmîş=He wrote (it is said). (細江 (1932: 126)：記号を一部変更)

目睹回想と伝承回想の違いは，発話者自らの経験的な過去か，他からの伝
聞による非経験的な過去かという違いで，細江 (1932) は「経験回想」「非
経験回想」とも呼んでいる。これは過去であることについての違いではな
く，過去に関する情報源についての違いで，エビデンシャリティの違いだと
言える。しかし，「き」を目睹回想とすることには，発話者が経験できたは

---

[7] 安・福嶋 (2005) は，現代朝鮮語で過去を表す -ess-ta にも結果継続の用法があり，16-17 世紀の日本語と現代朝鮮語の間に類似の現象が見られることを指摘している。

[8] トルコ語の -di と -miş については異論もある。Johanson (2000) を参照。

ずのない過去を表す(24)のような例があり，反証になる。「き」の表す過去を，発話者が経験した過去と規定するのは厳しすぎ，山口(1985: 517)の言う通り，単なる過去を表すと見るべきだろう。

(24) 香具山(かぐやま)は 畝傍(うねび)を惜しと 耳梨(みみなし)と 相争(あひあらそ)ひき〔相諍競伎〕神代(かみよ)より かくにあるらし ……
 (香具山は，畝傍山をすばらしいと思って，耳梨山といさかいをした。神の時代からこうして争っているらしい。)過去
 (万葉集・巻1・13番：8世紀後期)

これに対して，「けり」の表す過去は，少なくとも上代の例では，(20b)のように，過去に事態が起こったことを自らは経験せず，その情報を人伝てによって入手したと考えてよさそうである。「けり」はもともと(20a)のように伝来を表したと考えられるが，伝来は過去を含意している。伝来される事態は以前に起こったことなので，発話時(「けり」と言う時)から見て過去のことだからである。また，伝来されていることをわざわざ表現するのは，昨日一昨日に起こったことよりも，ずっと昔に起こったことだろう。つまり，現在から過去へ遠く遡れば遡るほど，伝来という意味は効果的に機能する。そして，その遠く遡った過去は，現在を生きる発話者にとって経験できないものであり，人伝てによって知るほかない。「けり」の表す過去が人伝ての過去に特化しているのは，このように伝来の含意に由来するからだと考えられる。これが正しければ，「けり」のエビデンシャリティ(伝聞・非経験)は，アスペクチュアリティ(伝来)からテンポラリティ(過去)への変化に伴って生じたものであり，(17)の意味マップにほぼ重なる。

再び「き」について見ると，「き」の表す過去は「けり」のように特化されず，単なる過去だと考えられた。それゆえ，(19b)のように発話者自らが経験した過去も，(24)のように自らは経験していない過去も表す。あるいは，自ら経験したか否かを問題にする必要のない場合も，「き」の表す過去

の範囲に入るだろう。しかし、「けり」が自ら経験していない過去を特に表すのであれば、「き」はそれとは異なる過去、すなわち自ら経験した過去を表すことが、相対的に多くなるはずである。細江 (1932) に「き」が「目睹回想」「経験回想」のように見えたのは、そのためではないかと思われるが、これは「き」の本質ではない。「けり」は上述のようにエビデンシャリティの領域に踏み込んでいるが、「き」はそうではないと考えられる[9]。

3.4 「けり」とミラティビティ

「けり」はまた、次のように発見を表す例がある。「けり」による発見は、気づいたことについての意外性と驚きを伴うことが多く、この心的状態を指してしばしば「詠嘆」と呼ばれてきた。

(25) 物思ふと　隠らひ居りて　今日見れば　春日の山は　色づきに<u>けり</u>
　　〔色就尓家里〕
　　(物思いをしてじっと引きこもっていて、今日見たら、春日山は紅葉で色づいて<u>いた</u>。) 発見　　(万葉集・巻 10・2199 番：8 世紀後期)

この発見の「けり」は、ミラティビティの領域のものである。「けり」は前述のように、もともとはアスペクチュアリティを表したと考えられるので、このミラティビティの意味はアスペクチュアリティから変化したことになるが、アスペクチュアリティからミラティビティへ径路が開かれていることは、(17)(18) の示すところであり、やはり通言語的研究の知見と合致する。「けり」のように、過去と発見を同一形式が表すのは、現代日本語の「た」の場合も同じである (本論文集所収の定延 (2014) を参照)。ただし、「た」の発見にはいろいろあり、井上 (2001) を参考にすると、少なくとも次の 2 種類が区別される (本論文集所収の井上 (2014: 第 3 節) も参照)。

---

[9] 鈴木 (2009: 373-379) は、「けり」をエビデンシャル、「き」をテンスに截然と分ける。「き」については賛成だが、「けり」にテンポラリティの要素を認めない点は本稿と異なる。

(26) a. （家で書類を探していて）あった。　　　　　　捜索結果の発見
　　 b. （職場にあると思っていた書類を家で見つけて）ここにあったのか。　　　認識修正の発見

　(26a) は特定のものを探していて，その探し物を見つけた場合の発見であり，(26b) は思い込んでいたことが誤りで，正しい状況に気づいた場合の発見である。現代日本語で，発見の「た」として念頭に浮かびやすいのは，(26a) の捜索結果の発見だろうと思うが，「けり」には捜索結果の発見の例が確認できないようである。(25) も，春日山はまだ色づいていないと思っていたのに，実は色づいていたという内容だから，認識修正の発見の例である。井上・生越・木村 (2002) によれば，現代朝鮮語で過去を表す -ess-ta は，捜索結果の発見には使えないが，認識修正の発見には使えると言う。「けり」の発見はこれに近いのかもしれない。現代朝鮮語との対照研究が，「けり」の理解を深めるのに役立つ可能性がある。
　以上のように，通言語的研究の知見を参照すると，古代日本語に起こったテンス・アスペクトに関する変化が，日本語に限った特殊な現象ではないことがわかり，より深く理解する手がかりを得ることにつながる。

4. エビデンシャルをめぐって
4.1 「みゆ」「なり」のエビデンシャリティ

　古代日本語には，上に見た「けり」の他に，より典型的で特徴的なエビデンシャルがある。次に，それを取り上げよう。1つは (27) の「みゆ」で，発話者が実際に見てその情報を入手したことを表す。もう1つは (28) の「なり」で，実際に耳で聞いて情報を入手したことを表す。前者を「目撃」(visual)，後者を「聞音」(auditoty) と呼ぶことにする。この2つは情報の

入手源が知覚であることを表し，まさにエビデンシャルである[10]。

(27) 難波潟 潮干に立ちて 見渡せば 淡路の島に 鶴渡るみゆ〔多豆渡所見〕
(難波潟の干潟に立って見渡すと，淡路島に鶴が渡っていく（私はそれを見ている）。) 目撃　　（万葉集・巻7・1160番：8世紀後期）

(28) 藤波の 散らまく惜しみ ほととぎす 今城の岡を 鳴きて越ゆなり〔鳴而越奈利〕
(藤の花の散るのを残念がって，ほととぎすは今城の岡を鳴きながら越えていく（私はそれを聞いている）。) 聞音
（万葉集・巻10・1944番：8世紀後期）

Aikhenvald（2004: 63–66）によると，目撃を表す専用のエビデンシャルを持つ言語は多々あるが，聞音はそうではなく，目撃などと一括して「直接入手」（firsthand）のエビデンシャルによるか，あるいは，「目撃以外の知覚」（non-visual sensory）のエビデンシャルによるのが一般的なようである。現代日本語にも聞音専用のエビデンシャルはない——ちなみに，現代日本語には目撃専用のエビデンシャルもない。すぐ後で述べる伝聞（reported または hearsay）には，「そうだ」がある——。このことから，聞音を表す「なり」の存在は古代日本語の大きな特徴だと言える。ただし，エビデンシャルを義務的に使用するというタリアナ語（Aikhenvald 2004: 1–3）などと比べると，「なり」と「みゆ」と無標（これらを伴わない述語形）が体系的に対立しているようには見えず，「なり」「みゆ」の使用は随意的である。エビデンシャリティは文法範疇として有力な位置を占めるものではなかったと思われる[11]。

---

[10] 工藤・八亀（2008: 50–60）は，通言語的研究の知見を参照しながら，目撃や体験のエビデンシャルを持つ現代日本語の方言を紹介している。「目撃」という訳語も同書による。

[11] Aikhenvald（2004: 81）は，現代日本語のエビデンシャルが「伝聞かそれ以外か（'Reported' (or 'hearsay') versus 'everything else'）」という2項対立のシステムを有する可能性を考えてい

4.2 「なり」「めり」の意味の拡張

聞音の「なり」は意味が拡張し，(29a) のような伝聞や，(29b) のような推定 (inference) も表す。小柳 (2002) で指摘したように，「なり」の表す伝聞は，情報の発信者が特定されない風聞 (hearsay) による場合がほとんどで，(29a) もそうである。また，「なり」の表す推定は原則として，聴覚的に得た情報に基づくものである。(29b) では，時刻を告げる声を聞いて，屋内にいる発話者が夜の明けたことを推定している。

(29) a. 東(ひんがし)の海(うみ)に蓬莱(ほうらい)といふ山(やま)あるなり。
(東の海に蓬莱という山があるそうです。) 伝聞

(竹取物語：9 世紀末–10 世紀初)

b. 「丑四(うしよ)つ」と奏(そう)すなり。「明(あ)け侍(はべ)りぬなり」とひとりごつを，
(「丑四つ」と係の者が時刻を報告する(私はそれを聞いている)。
「夜が明けてしまったようだ。」と独り言を言うと，) 推定，第 1
例は聞音

(枕草子・293 段：10 世紀後期)

「なり」は 14 世紀頃まで使われるが，「みゆ」は 8 世紀の資料に確認できるだけで (9 世紀は適当な資料が残っておらず，不明)，10 世紀以降は新たに「めり」が使われる。「めり」も (30) のように目撃を表す。

(30) 梅壺(うめつぼ)より雨(あめ)に濡(ぬ)れて，人のまかり出(い)づるを見(み)て，
鶯(うぐひす)の 花(はな)を縫(ぬ)ふてふ 笠(かさ)もがな 濡(ぬ)るめる人(ひと)に 着(き)せて帰(かへ)さむ
(梅壺から雨に濡れて，人が出ていくのを見て，／鶯が梅の花を縫って作るという花笠があればよいのに。雨に濡れている(と私が見ている)あの人に着せて帰したい。) 目撃

る。ただし，伝聞のエビデンシャルの使用は随意的だとも述べており，その方が妥当だろう。

(伊勢物語・121 段：10 世紀前半)

また，「めり」も意味が拡張する。(31a) は視覚的に得た情報に基づく推定で，(29b) の「なり」が聴覚的に得た情報に基づく推定を表すのと平行的である。(31b) は推定とも解しうるが，一般論を述べており，断言を避けるために「めり」を使用しているように思われる。これは，従来「婉曲」と呼ばれてきた用法である。

(31) a. 木の間より見通しやりたれば，ここかしこ，直人あまた見えて，歩み来めり。兵衛佐なめりと思へば，
    (木の間越しに遠く見ると，あちこちに，従者がたくさん見えて，こちらへ歩いて来る(私はそれを見ている)。どうも兵衛佐のようだと思っていると，) 推定，第 1 例は目撃

(蜻蛉日記・中：10 世紀後期)

b. 世の中の人の心は，目離るれば忘れぬべきものにこそあめれ。
    (世の中の人の心というものは，会わずに離れていると相手のことを忘れてしまうもののようだ。) 断言回避

(伊勢物語・46 段：10 世紀前半)

　実際に目撃したことや，それに基づいて推定したことは，目撃した当事者である発話者にとっては相当の信憑性があり，(31b) のような「めり」を使った断言回避は奇妙に感じられるかもしれない。しかし，目撃には常に見誤りや思い違いの可能性があり，見た目と実際が異なることはしばしば起こる。こうしたことから，「私が目撃したこと」には，本当のところはわからないが私にはこのように見えるという推意が生じ，これを利用したのが「めり」による断言回避の用法だと思われる[12]。

---

[12] 現代日本語でも，「と思う」「と思われる」「と見える」「と考えられる」のような発話者の判断を表す表現が断言回避に使われることがある。これと同じだと思われる。

以上，古代日本語のエビデンシャルについて述べた。古代日本語のエビデンシャルの研究は，ムード・テンス・アスペクトの研究に比べると，それほど進んでいない。今後，研究を進める上で，通言語的研究の知見は示唆を与えてくれるように思う[13]。

5. 存在動詞をめぐって
5.1 「あり」を含む機能語

　ここまでに見てきた古代日本語のテンス・アスペクト・エビデンシャルをふり返ると，(32)のように「～り」という形態のものが多いことに気づく。

　(32)　テンス：け<u>り</u>　アスペクト：た<u>り</u>　エビデンシャル：な<u>り</u>・め<u>り</u>

　これらは，存在を表す「あり」を含み，「けり」「たり」は(33)のようにしてできたと考えられる。「なり」「めり」がどのようにしてできたかは不明だが，「あり」を含むことは確実だろう[14]。

　(33) a.　来（「来る」という意味の動詞の連用形）＋あり
　　　　　来あり→来り（来て（ここに）存在する）→けり（伝来）
　　　b.　て（状態の副詞節を構成する接辞）＋あり
　　　　　てあり（～の状態で存在する）→たり（同左→結果継続）
　　　　　e.g. 咲きてあり（咲いた状態で存在する）→咲きたり（同左→咲いている）

---

[13] 古代日本語研究でエビデンシャルという観点に言及したのは，近藤(2000)・高山(2002)が早いと思うが，その後の研究に大きな進展を見ない。

[14] 他に「咲けり」などの「り」（結果継続・完了）があるが，これは，動詞連用形に「あり」が付いて，「咲き(saki)＋あり(ari)→咲けり(sakeri)」のように母音が融合した形と考えられている。この形が生産されるのは一部の動詞に限られるので，ここでは除く。

先に (14) で，古代日本語の 1 音節の機能語（いわゆる助動詞）を挙げたが，今度は (32) を含む多音節の機能語を挙げてみる。形態によって，(34) のように 3 つに分類することができる。(34a) は (32) に挙げた「あり」を含むと考えられるもの，(34b) は形容詞構成の接辞「し」を含むと考えられるもの，(34c) は第 2 節で見た「む」を含むと考えられるものである。

(34) a. けり（伝来・過去）　たり（結果継続）　なり（聞音）　めり（目撃）
　　　b. まし（反実仮想）　べし（推定）　ましじ（否定推定）　らし（推定）
　　　c. けむ（過去推量）　らむ（現在推量）

(34a) の機能語が表す意味は第 3 節と第 4 節で述べたので，それ以外の (34b)(34c) の機能語が表す意味について若干の説明を加える[15]。

(34b) の「まし」は，ある事態が現実に反する起こりえない仮想的なものであることを表す。「べし」は多義的だが，中心的な意味は，ある事態が未実現だが実現に傾斜した状態にあること，言い換えると，現前していないが高い蓋然性で出現することと考えられる。現代語訳をすると，「（今にも）しそうだ」「にちがいない」「はずだ」などが当たる。「ましじ」は「べし」の否定で，否定的なある事態が実現に傾くことを表す。「らし」は何らかの情報に基づき，その背後にある事態を推定するというもので，現代日本語の「らしい」に相当する（ただし，「らし」と「らしい」は形が似ているが，親子関係にはない）。次に挙げる (35) の「らし」は，「みゆ」の目撃によって得られた，荒れた海に舟を出しているという情報に基づき，それの背後にある，娘が真珠を採っているという事態を推定している[16]。

---

[15] (34b)(34c) の「仮想」「推定」「推量」は，意味のラベルとして一般的で，発話者の判断に重点を置く用語である。本稿の以下の説明では，表される事態の様相に重点を置いているが，2 つは別のことではない。

[16] 「らし」は推定のための情報源があることを示すので，「みゆ」「なり」と同じく，エビデンシャルと考えられる。

(35) 海人娘子 玉求むらし〔玉求良之〕 沖つ波 恐き海に 船出せり
みゆ〔船出為利所見〕
(漁師の娘が真珠を採っているらしい。沖の波が立つ恐ろしい海に
船を出している(私はそれを見ている)。) 推定,「みゆ」は目撃

(万葉集・巻6・1003番:8世紀後期)

(34c) の「けむ」はある事態が高い蓋然性をもって過去に起こったことを表し,「らむ」はある事態が現前していないが,他所で現在生起していることを表す。現代日本語なら「けむ」は「ただろう」,「らむ」は「ているだろう」と複数の機能語によって表現するところである。

5.2 既実現・現実

さて,「あり」を含む (34a) (= (32)) は,テンス・アスペクト・エビデンシャルという複数の文法範疇の形式に渉っているが,事態が現に存在する,または存在したという既実現・現実 (realis) 的な意味を表す点で共通する。「けり」は過去に存在したことを,「たり」はすでに起こったことの結果が存在することを表す。「なり」「めり」が対象とする事態は,知覚によって捉えられるものなので,現前していなければならない。前掲 (14b) に挙げた「き (過去)」「ぬ (完了)」「つ (完了)」のように「あり」を含まずに既実現・現実を表す場合もあるから,既実現・現実を表すものがすべて「あり」を含むわけではないが,「あり」を含むものはすべて既実現・現実を表す。既実現・現実という意味を表す機能語の起源が,1つに限定される理由はないので,「き」「ぬ」「つ」などいろいろあるのは,不思議ではない。興味深いのは,その中にあって,「あり」を起源とするものの多さである。

これはなぜだろうか。野村 (1994) は,古代語の存在動詞「あり」が表す存在は,時間的・空間的に限定されて具体的だという重要な洞察を行っている。つまり,「あり」は基本的に,何かが漠然と存在するのではなく,何かが今ここに存在するという実在を表すのである。そうであれば,「あり」を

起源とする諸形式が既実現・現実的な意味に関わるのは，納得できる。
　現代日本語にも類似の現象がある。継続を表すアスペクトとされる「ている」には，既実現性・現実性が感じられ，例えば，(36a) と比べて，(36b) は馬車が橋を渡る場面に今臨んでいるような印象がある。

(36) a.　馬車が橋を渡る。
　　 b.　馬車が橋を渡っている。

「ている」に含まれる「いる」は，もとは「居る」(「座る」「静止する」という意味) という変化動詞だったが，「いる」と音韻変化し，15 世紀には存在を表すようになり，これを起源として「ている」が形成された[17]。

(37)　居る（変化動詞）→いる（存在動詞）→ている（継続）

「ている」の「て」は，(33b) の「てあり」の「て」と同じもので，日本語の歴史では「て＋存在動詞」という方式でアスペクトの形成がくり返されていることがわかる。そして，(37) の存在動詞化した「いる」もやはり実在を基本とし，それが (36b) の「ている」に見られるような既実現性・現実性を付与するのだと考えられる。定延 (2006) は，「ている」に「観察してみると現在これこれのデキゴト情報がある」というエビデンシャリティの意味を見出しているが (本論文集所収の定延 (2014: 第 6 節) も参照)，「観察してみると」という臨場的な意味は，「いる」の表す実在の意味に由来するのであろう。なお，この「ている」のエビデンシャリティを，定延・マルチュコフ (2006) は，通言語的に一般的なアスペクトとエビデンシャルの関係の中に位置づけて理解しているが，この考察と，日本語という個別言語の歴史に着目する本稿の考察は，矛盾しない。

---

[17]　存在動詞「いる」とアスペクト「ている」の歴史の詳細については，金水 (2006) を参照。

5.3 文法範疇全体の基盤としてのモダリティ

　古代日本語において，「あり」を含む機能語（(34a)）がテンス・アスペクト・エビデンシャルを横断して，事態の既実現・現実という意味を共有することを見た。この既実現・現実というのは事態の様相であり，モダリティとして捉えられる。既実現・現実は未実現・非現実と鋭く対立するが，この区別を認識することは，我々がこの世界を把握し生きていく上で，最も基本的だと考えられる。目の前に食料があるのが現実か否かの区別がつかなかったり，実際に危険が迫っているのかそうでないのかの判別ができなかったりすれば，生命を維持していくのはきわめて困難である。こうしたことから，既実現・現実と未実現・非現実の対立は，モダリティの根本をなすと言ってよい（小柳 2004, 2005）。

　以上のように考えると，古代日本語のテンポラリティ・アスペクチュアリティ・エビデンシャリティ（発見の「けり」を考慮に入れれば，ミラティビティも）の基盤には，既実現・現実というモダリティがあるということになる。複数の文法範疇が同じ水準で横並びになる必然性はなく，通言語的に見ても，言語によっていずれかが卓越することは十分ありえ（Bhat 1999: 130–139），文法範疇同士が交渉し連続するのは，むしろ自然である。そもそもそうでなければ，先掲 (17)(18) のような複数の文法範疇をまたぐ意味変化が起こるはずはない。古代日本語ではモダリティが基盤となって文法範疇全体が組織化されていると考えられる。その全体像をごく簡単にまとめれば，次のようになる。

　全体の基盤をなすモダリティは，既実現・現実と未実現・非現実の対立である。このうち，未実現・非現実はそのまま固有の意味領域を確立し，「む」「まし」などはこの意味領域を表すムードである。もう一方の既実現・現実は，主として時間的な意味領域に現れる。それがテンポラリティ（過去）やアスペクチュアリティ（結果継続・完了）という文法範疇で，これを表す「き」「けり」「ぬ」「つ」「たり」はテンスあるいはアスペクトである。これ

らの他に，あまり有力ではないが，現前の事態を知覚によって捉える意味領域として，エビデンシャリティという文法範疇を形作り，「なり」「めり」はこれを表すので，エビデンシャルと規定される。要するに，既実現・現実のモダリティはそのままでは固有の意味領域を作らず，テンポラリティ・アスペクチュアリティ・エビデンシャリティに分割され，しかし全体としては十全に表せるように編成されているのである。以上を簡単にまとめると，下表のようになる。

表：古代日本語のモダリティと文法範疇

未実現・非現実	モダリティ	ームード「む」「まし」	
既実現・現実	モダリティ	テンポラリティ	ーテンス「き」「けり」
		アスペクチュアリティ	ーアスペクト「ぬ」「つ」「たり」
		エビデンシャリティ	ーエビデンシャル「なり」「めり」

このように，既実現・現実のモダリティという観点から見直すことによって，古代日本語の複数の文法範疇は総合的に捉えることが可能になる[18]。そして，これらを表す機能語には存在動詞「あり」を含んで形成されたものが多くあり，存在という意味が広範囲に関わっていることが見てとれた。このような存在動詞をめぐる現象は，通言語的に一般的なことなのだろうか[19]。

---

[18] 木村（2006）は，北京官話で持続や完了を表す文末助詞「了」「呢」と動詞接辞「了」「着」を，通説のようにアスペクトとして分析するのではなく，「実存相」という意味範疇を設けて分析することを提案している。本稿の見方に通じるところがあり，参考になる。

[19] 'exist' や 'be' の意の内容語が機能語化する事例は，通言語的に多くあるようだが（Heine & Kuteva 2002），古代日本語のように広範囲に渉る例があるのかどうか，興味が持たれる。

6. おわりに

　古代日本語におけるムード・テンス・アスペクト，エビデンシャル・ミラティブについて，通言語的研究の知見を参照しながら考察してきた。一口に通言語的研究と言っても，個々の研究を見れば当然違いはあるし，通言語的研究は，研究領域というよりも研究方法という方が適当な側面がある。それはともかくとして，複数の言語を横断的に比較観察するのと，1つの言語を詳しく観察するのとでは，見える像に自ずから違いが生じるはずである。しかし，共通する部分も多く，だからこそ対話をする必要と価値がある。

　他言語でこうだからこの言語でもこうだという保証はないから，通言語的研究の知見を短絡的に古代日本語に当てはめるのは望ましくない。古代日本語について不思議だと思われ，疑問を抱いた現象があった時，類似した現象が通言語的にあることを知って納得するという態度もあるかもしれないが，それだけでは物足りないと思う。最初に抱いた疑問は解決されないままだからである。この現象が起こったのはなぜか，この現象の背後には何があるのか，という問いは研究を推し進める上で大きな原動力になる。しかし一方で，他言語で起こった現象はこの言語でも起こりうるので，そこに手がかりがあるかもしれない。通言語的研究から得られるものは，疑問に対する答えではなく，答えを導くための一助である。

　今後，古代日本語研究は，資料の読解などの技術的な修練も含めて（資料を精確に読むことのできない者の研究に期待をかけることはできない），ますます精度を高めていかなければならない。その際，通言語的研究の知見を参考にすることは，本稿のささやかな試行でもわかるように，非常に有益である。刺激的な対話が幅広く行われることを希望する。

付記

　本稿は，平成22・23年度科学研究費補助金（基盤研究C，課題番号20520413）による研究成果の一部である。

使用テキスト（表記などを私に改め，万葉集・エソポのファブラスについては当該箇所の原文を〔　〕内に記す。）
古事記歌謡・万葉集・竹取物語・伊勢物語・蜻蛉日記・枕草子……新編日本古典文学全集（小学館）
エソポのファブラス……『エソポのハブラス 本文と総索引』清文堂
虎明本狂言集……『大蔵虎明能狂言集 翻刻 註解』清文堂

言及文献

Aikhenvald, Alexandra Y. (2004) *Evidentiality*. Oxford: Oxford University Press.
安平鎬・福嶋健伸 (2005)「中世末期日本語と現代韓国語のテンス・アスペクト体系―存在型アスペクト形式の文法化の度合い―」『日本語の研究』1-3, pp. 139–154.
Bhat, D. N. S. (1999) *The prominence of tense, aspect, and mood*. Amsterdam; Philadelphia: John Benjamins.
Bybee, Joan L., Revere Perkins, & William Pagliuca (1994) *The evolution of grammar: Tense, aspect, and modality in the languages of the world*. Chicago: University of Chicago Press.
Heine, Bernd & Tania Kuteva (2002) *World lexicon of grammaticalization*. Cambridge: Cambridge University Press.
細江逸記 (1932)『動詞時制の研究』東京：泰文堂.
井上優 (2001)「現代日本語の「タ」―主文末の「タ」の意味について―」，つくば言語文化フォーラム（編）『「た」の言語学』pp. 97–163. 東京：ひつじ書房.
井上優 (2014)「対照研究と通言語的研究」，定延利之（編）『日本語学と通言語的研究との対話―テンス・アスペクト・ムード研究を通して―』pp. 165–205. 東京：くろしお出版.
井上優・生越直樹・木村英樹 (2002)「テンス・アスペクトの比較対照―日本語・朝鮮語・中国語―」，生越直樹（編）『シリーズ言語科学4　対照言語学』pp. 125–159. 東京：東京大学出版会.
Johanson, Lars (2000) Turkic indirectives. In: Lars Johanson & Bo Utas (eds.) *Evidentials: Turkic, Iranian and neighboring languages*, pp. 61–87. Berlin: Mouton.
川端善明 (1997)『活用の研究Ⅱ』（増補版）大阪：清文堂.
木村英樹 (2006)「「持続」・「完了」の視点を越えて―北京官話における「実存相」の提案―」『日本語文法』6-2, pp. 45–61.
金水敏 (2006)『日本語存在表現の歴史』東京：ひつじ書房.
近藤泰弘 (2000)『日本語記述文法の理論』東京：ひつじ書房.
小柳智一 (2002)「和歌における活用語接続のナリ」，石川透・岡見弘道・西村聡（編）『徳江元正退職記念　鎌倉室町文学論纂』pp. 43–66. 東京：三弥井書店.

小柳智一 (2004)「ベシ・ラシ・ラムの接続について」『国学院雑誌』105-2, pp. 16-31.
小柳智一 (2005)「副詞と否定―中古の「必ず」―」『福岡教育大学国語科研究論集』46, pp. 35-50.
工藤真由美 (2006)「日本語のさまざまなアスペクト体系が提起するもの」『日本語文法』6-2, pp. 3-19.
工藤真由美・八亀裕美 (2008)『複数の日本語　方言からはじめる言語学』東京：講談社選書メチエ.
黒滝真理子 (2005)『Deontic から Epistemic への普遍性と相対性―モダリティの日英語対照研究―』東京：くろしお出版.
馬渕和夫 (1999)『古代日本語の姿』東京：武蔵野書院.
野村剛史 (1994)「上代語のリ・タリについて」『国語国文』63-1, pp. 28-51. 京都大学文学部国語学国文学研究室.
野村剛史 (1995)「ズ，ム，マシについて」，宮地裕・敦子先生古稀記念論集刊行会 (編)『宮地裕・敦子先生古稀記念論集　日本語の研究』pp. 2-21. 東京：明治書院.
尾上圭介 (2001)『文法と意味Ⅰ』東京：くろしお出版.
定延利之 (2006)「心内情報の帰属と管理―現代日本語共通語「ている」のエビデンシャルな性質について―」，中川正之・定延利之 (編)『言語に現れる「世間」と「世界」』pp. 167-192. 東京：くろしお出版.
定延利之 (2008)「日本語研究と海外の言語研究のコラボレーション―「た」「ている」をめぐって―」『日本語学』27-14, pp. 28-38. 東京：明治書院.
定延利之 (2014)「「発見」と「ミラティブ」の間―なぜ通言語的研究と交わるのか―」，定延利之 (編)『日本語学と通言語的研究との対話―テンス・アスペクト・ムード研究を通して―』pp. 3-38. 東京：くろしお出版.
定延利之・アンドレイ，マルチュコフ (2006)「エビデンシャリティと現代日本語の「ている」構文」，中川正之・定延利之 (編)『言語に現れる「世間」と「世界」』pp. 153-166. 東京：くろしお出版.
澤田治美 (2006)『モダリティ』東京：開拓社.
鈴木泰 (2009)『古代日本語時間表現の形態論的研究』東京：ひつじ書房.
高山善行 (2002)『日本語モダリティの史的研究』東京：ひつじ書房.
Whaley, Lindsay J. (1997) *Introduction to typology: The unity and diversity of language*. Thousand Oaks, CA: Sage.［大堀壽夫・古賀裕章・山泉実 (訳) (2006)『言語類型論入門　言語の普遍性と多様性』東京：岩波書店を参照］
山田孝雄 (1908)『日本文法論』東京：宝文館.
山口佳紀 (1985)『古代日本語文法の成立の研究』東京：有精堂出版.
吉田金彦 (1970)「上代語発達の原始形態―「む」「おもふ」同源説―」『月刊文法』3-1, pp. 96-105. 東京：明治書院.

第 2 章

小柳論文へのコメント

アンドレイ・マルチュコフ

1. はじめに

　大変興味深いご論文ですが，日本語史に関する知識を前提としている部分があるので，難しく感じる部分もありました。私のコメントは4点ありますが，いずれも類型論的なもので，一種の外側からの見方に基づくものになりますことをお赦しください。

2. 「む」の起源について

　小柳論文の第2.3節と第2.4節では，「む」の起源について2つのシナリオが示されています。第1のシナリオは，内容語（「思ふ」）から派生したというもので，第2のシナリオは動詞構成の接辞「-む」に関連するというものです。第1のシナリオは文法化についてこれまで言われている，内容語から拘束形態素へという考えとよく合いますが，第2のシナリオも，すべての拘束形式が究極的には自由形式に由来すると考える限りは，文法化の考えと矛盾するわけではありません。文法化に関する諸研究が言っているのは「何らかの文法化の径路はすべての言語に見出される」ということではなくて「もし何らかの形式が2つの意味と結びつけば意味の広がった方向は1通りに定まる」ということです。

　これらのシナリオのどちらを選ぶのかはもちろん日本語史の研究者の仕

事ですが，敢えて外野から申し上げれば，第2のシナリオにはもっと証拠，論拠が必要ではないかと思います。

3. エビデンシャルの語源について

小柳論文の第4.1節では，聴覚的エビデンシャル「なり」の使用が紹介されていますが，これは類型論的にはまったく異例のことです。ウラル語族のネネツ語（Nenets）の「聴覚ムード」（auditive mood）のように，あるにはあるのですが。そういうわけで，この形式の起源には大いに興味を持ちます。語源についてはっきりしたことはわかっているのでしょうか？

また，第4.1節と第4.2節にある，視覚的エビデンシャルの「みゆ」と「めり」の語源にもわくわくします。大変驚いたのは，日本語の歴史には，よく似たカテゴリすなわち視覚的エビデンシャルがリニューアルされるという同じプロセスがくり返し生じていることです。定延さんと私が「た」と「ている」について研究した時にも，古いパーフェクトマーカーの「た」が若いパーフェクトマーカーの「ている」に駆逐されるといった形で，似たプロセスの形式が数回に渉ってリニューアルされるという，よく似た観察をしました。

4. エビデンシャルとコピュラについて

小柳論文の第5.1節以降で，多くのエビデンシャル形式（「けり」「たり」「なり」「めり」）の形成における「あり」の役割が取り上げられており，エビデンシャルカテゴリの成立と存在のコピュラが結びつけられているのはご慧眼だと思います。第5.3節の末尾では，類型論的な並行例が問われており，この点については別に類型論的な調査をする必要がありますが，お役に立つかもしれないことを2つ申し上げておきます。

第1に，私が知る限り，多くのエビデンシャルの形式は名詞類の起源を

持っています．ウラル・アルタイ語族のユーラシアのエビデンシャル形式はほとんど，分詞の形か名詞化された形に基づいています．例えばトルコ語の-miş形と-gan形についてはJohanson (2000)，ツングース諸語のエビデンシャルのパーフェクト形式についてはJohanson and Utas (eds.) (2000)所収のMalchukov (2000)や他の論文を参照してください．ということは，それらの形式はコピュラと結びつくのが最も自然だ，ということです．しかし，これらの言語においてはコピュラの使用は任意的であり（3人称では現れないのが普通です），したがって文法化のプロセスにおいて「名詞＋コピュラ」は見えにくく，それよりもむしろ，分詞の形の方が見えやすいことになります．

第2に，そのような分詞や名詞類からエビデンシャルが生じる過程においては，分詞や名詞類の意味が重要です．Resultative/perfectの意味を持った分詞がしばしばエビデンシャルな機能を持つようになるのは，もちろん偶然のことではありません．存在のコピュラと結びついて文法化しエビデンシャルマーカーになる日本語の名詞類の意味についてもっと学ぶことができれば，大変興味深いと思います．

5. 言語史研究と類型論の関係について

類型論が言語史研究に対してできるのは，決定的な答えを出すことではなく，手がかりを与えることだという小柳論文の結論には全面的に賛成します．これはまさにその通りです．真実は注意深い史的研究によってしかわからないものですが，どのようなパタンが通言語的にありがちかをよく知っている類型論は，複数の分析案から正しいものを選ぶ際の手助けをすることができます．

しかし同様に強調したいのは，小柳論文のような史的研究は通時的類型論にとって重要だということです．特に，日本語のような文字言語の古い伝統を持つ言語のデータは，我々が実際の言語の史的変遷を理解し，将来の類型

論研究を展開していく上で貴重なものです。

言及文献

Johanson, Lars (2000) Turkic indirectives. In: Johanson & Utas (eds.) pp. 61-87.

Johanson, Lars & Bo Utas (eds.) (2000) *Evidentials: Turkic, Iranian and neibouring languages*. Berlin: Mouton.

Malchukov, Andrej (2000) Perfect, evidentiality and related categories in Tungusic languages. In: Johanson & Utas (eds.) pp. 441-471.

第2章
マルチュコフ氏への返答

小柳智一

1. はじめに

　貴重で非常に有益なコメントをいただきましたことに，お礼を申し上げます。不十分ではありますが，可能な範囲でお答えしたいと思います。

2. 「む」の起源について

　ここは説明が足りませんでした。「む」の起源についての議論は現在あまり活発ではありませんが，第1のシナリオを支持する研究者はいないと思います。というのは，この説にはいくつか欠点があるからです。1つには，論文で述べた通り，「思ふ」から「む」への形態変化が説明されていないことがありますが，これは，「思ふ」は「思ふ」の語頭母音の脱落した形と考えるのが普通なので，「omopu → mopu → *mpu → mu」(*は推定形。なお，8世紀のハ行子音はpと推定される) のように推定するのかもしれません。しかし，実はもっと大きな欠点があります。日本語の動詞は機能に応じて様々に語形が変換し，「む」はそのうちの「未然形」と呼ばれる語形に付きます。例えば，「言ふ」であれば「言はむ」という形になります。「言は思ふ (言は思ふ)」という形がまずあって，それが「言はむ」に変化したというのであればわかりやすいのですが，そのような形は確認できません。また，動詞が他の動詞に付く場合は，「言ひ思ふ (言ひ思ふ)」のように，「連用形」

と呼ばれる語形に付くはずなので，そもそも「思ふ(思ふ)」が動詞未然形に付いた形は，理論的にも認められません。このように考えると，「む」の起源にどのような動詞を想定しても，動詞未然形に付くことが説明できないので，動詞を想定すること自体が無理だということになります（動詞以外の内容語はさらに難しいでしょう）。

　第2のシナリオでは，「語基＋接辞「む」」という変化動詞から，「動詞未然形＋ムード「む」」が発達したと想定します。動詞未然形はそれ自体で独立できず必ず文法形式を伴うという点で，語基に似ており，ムードの「む」も動詞未然形と1つになって独立可能な形になるという点で，接辞と似ています。したがって，第2のシナリオは上述の点をクリアできます（小柳(2011) を参照）。第2.4節の(15)以外にも「赤らむ」などがあり，状態変化の動詞を構成する接辞「む」があったことが推測されます。これを出発として(16)の径路を考えてみました。

　日本語史の資料を扱っていると，古い時代ほど接辞の種類が多く，また生産性が高いという実感を持ちます。後の時代になればなるほど，内容語が機能語化した例に多く出会います。この実感に忠実であろうとすると，第2のシナリオを支持したくなります。ちなみに，第1のシナリオの「思ふ(思)」を想定した細江逸記は英語学者で，英語史の知見をそのまま日本語史に当てはめてしまったように思われます。

3. エビデンシャルの語源について

　聴覚的エビデンシャル「なり」が類型論的に異例というご教示には，とても興奮しました。語源は，音という意味を表す「ね」または「な」に「あり」が付いて「ねあり→なり」または「なあり→なり」となったという説があります。しかし，この「ねあり」または「なあり」の実例はなく，また，「ね」「な」が名詞だとすると，「越ゆるなり」のように「連体形」と呼ばれる動詞活用形（名詞に続く形）に付くはずなのに，「越ゆなり」のように「終

止形」と呼ばれる別の動詞活用形に付くので，信用しにくいと思います。結局よくわかりません。

　視覚的エビデンシャルの形式がくり返し登場することについて，私はこんな想像を持っています。日本語では古くから「リアルに存在すること」と「この目で見ること」が関係しているように思います。リアルに存在するものはこの目で見ることができ，この目で見ることができるものはリアルに存在する，というような感覚または信念でしょうか。「ありありと見る」と言えば，はっきり確かに見ることですし，「みるみる大きくなる」と言えば，大きくなるものはリアルに存在しています。第5.2節で述べた，存在の「あり」が既実現・現実の文法範疇を表すということと，視覚的エビデンシャルがくり返し再生されることは，どこかでつながっているように思います。

4. エビデンシャルとコピュラについて

　名詞類とコピュラの結びつきについて，類型論からの貴重なご教示をありがとうございます。日本語でも16世紀末以降，新しく発生する機能語の多く（例えば，「もの+ぢゃ」「はず+ぢゃ」「べき+ぢゃ」）は，名詞類とコピュラの結びつきによるものです。

　ところが，「けり」「たり」「なり」「めり」などは，存在の「あり」が関わっていることは確実だと思うのですが，前部が名詞起源であることは明らかでありません。むしろ，明らかに名詞起源でないものもあります。

　ご教示をいただき，「あり」が関わるというだけでなく，どう関わるかにも注意しなければならないと思いました。日本語では機能語の形成に「あり」が関わるという傾向が古代から現代までありますが，同時に，古代語と近代語では関わり方が異なる可能性があると思います。

5. 言語史研究と類型論の関係について

　類型論と個別言語の史的研究との関係に関連して，私が主張した研究方法上のことは2点あります。どちらもマルチュコフさんのお考えの通りです。

第1点：類型論の知見をそのまま日本語史研究に当てはめ，それだけで説明が済んだと考えるのは安易である。
第2点：資料の制約などがあって，日本語史研究が先に進めない場合，類型論は大きな助けとなる。

　これは，歴史的研究と現代語研究（特に理論的な研究）との関係でも同じで，しばしば言われてきたことです。
　私の能力では，類型論の知見を漏らさず吸収し，議論全体についていくことはできません。それは他の方々にお願いしたいと思います。けれども，類型論は私を強烈に刺激してくれます。それがとてもありがたく，今後研究を進める上での活力になると思います。定延さんの仲立ちでご意見をいただくことができたことに感謝し，次の機会をますます楽しみにいたしております。ありがとうございました。

言及文献

小柳智一（2011）「上代の動詞未然形―制度形成としての文法化―」『万葉語文研究』6, pp. 71–88.

第2章
再コメント

アンドレイ・マルチュコフ

1. はじめに

　私のコメント4点に対して小柳さんから寄せられたご返答に対し，再びコメントさせていただきます。

2.「む」の起源について

　ご返答をいただいて，「む」の起源が動詞の語根ではなく接辞であると考える方が，分布をうまく説明できるということ，よくわかりました。
　小柳さんが(16)に書かれた径路は十分に説得的だと思います。ただ，1つだけ付け加えるとすれば，おそらく，第2.2節の「むとす」構文の意味変化に重要なのは「むとす」構文の一部ではなくすべて，つまり状態変化と引用の両方だろうということです。というのは，様々な言語で検証されているのは，変化形式単独での意味変化（変化・推移→変化後の予想→未実現・非現実）ではなく，変化形式プラス引用形式だからです。（引用→未実現という単独の変化もありますが。）構造体のすべての部分が新しい意味に貢献するというのが現在の考え方だということです。
　小柳さんのお返事の最後の部分には，また特別に注意するに足る部分があります。小柳さんは，日本語の歴史において，動詞構成の接辞が今よりもずっと豊富だと述べています。これは，「日本語の歴史を通してみると，膠

着語（あるいは屈折語）らしい傾向が減少している（古代の日本語は現代日本語よりもっと膠着語的あるいは屈折語的でさえあった）」という見方を提案されているように理解しました。

　もしこの見方が正しければ（孤立語からの影響でしょうか？），もちろんこれは文法化のシナリオにも関わってくるでしょう。語が文法化して接辞になっていくという傾向は，言語が反対方向に（つまり，より膠着語的な言語からより孤立語的な言語へという方向に）変化するということでうまくバランスが保たれていることなのかもしれません。

3. エビデンシャルの語源について

　お返事にあったのは，エビデンシャリティ（目撃の形式）と認識論的な（realis の）意味とが結びついているという興味深い観察で，他の言語でも似たことが観察されています。例えば，バルカン諸語でもツングース諸語でも，目撃の形式の中には "He did do it." のような強調の断定形式に再解釈されているものがあります。エビデンシャルを扱った Johanson and Utas (eds.) (2000) に収められている論文ですが，バルカン諸語については Friedman (2000) の中で，ツングース諸語については Malchukov (2000) の中で論じられています。もっとも，日本語の例とまったく同じというわけではありません。

4. エビデンシャルとコピュラについて

　小柳さんからお返事を伺って，少なくとも「たり」のようないくつかの形式は「分詞（＋コピュラ）」のタイプではなくて，「コンバーブ（「副詞節」）＋コピュラ」のタイプだと理解しました。エビデンシャルの形式がこのように発達してできているということは，アルタイ系でというわけではありませんが，過去にも検証されています。例えばコムリーは Johanson and Utas (eds.)(2000)の序文で，コーカサスの言語においてエビデンシャルの形式がコンバーブに起源を持つことに言及しています (Comrie 2000)。

5. 言語史研究と類型論の関係について

こちらこそ楽しみにしています。ありがとうございました。

言及文献

Comrie, Bernard (2000) Evidentials: Semantics and history. In: Johanson & Utas (eds.) pp. 1–14.

Friedman, Victor A. (2000) Confirmative/nonconfirmative in Balkan Slavic, Balkan Romance, and Albanian with additional observation on Turkish, Romani, Georgian, and Lak. In: Johanson & Utas (eds.) pp. 322–366.

Johanson, Lars & Bo Utas (eds.) (2000) *Evidentials: Turkic, Iranian and neibouring languages*. Berlin: Mouton.

Malchukov, Andrej (2000) Perfect, evidentiality and related categories in Tungusic languages. In: Johanson & Utas (eds.) pp. 441–471.

第 3 章

方言研究と通言語的研究との対話

渋谷勝己, アンドレイ・マルチュコフ

第3章

方言研究と通言語的研究

渋谷勝己

1. はじめに

　日本における方言研究は，一方では構造主義の影響を受けた1950年代から1970年代にかけてのように，各地方言の音素体系や活用体系，語彙体系，アクセント体系の記述を推進した時期があるものの，その主流は，各地方言の異同を大局的に明らかにすることによって方言に区画を施そうとする方言区画論や，方言の個別要素（言語変項）の具現形（バリエーション）を地域横断的に捉えることによってその歴史を再構しようとする言語地理学的な研究であった。1970年代後半からは，調査の対象を主に高年層生え抜き話者に限定してきた言語地理学的な研究が，性差や年齢差などにも注目する社会言語学的な研究に展開するが，そこではひとつの方言および方言共同体を研究の対象に据えていても，そこで新たに用いられるようになった形式がどのような地理的伝播経路を経たものかといったことが問われ，他の方言が視野に入っていることが多いという点では言語地理学的な立場と大きな違いはない。したがって，方言研究はこれまでも通言語的／通方言的（以下あわせて「通言語的」とする）な視点をもっていたわけで，ここで「方言研究」と「通言語的研究」の2つを並置してあらためて考え直す必要はないように思われる。しかし，日本の方言研究，とくに方言文法の研究は，上に述べたような研究の流れのなかで，個別の方言の個々の文法形式や文法体系の詳細な記述を怠ってきたために，各言語の詳細な文法記述を踏まえて行われる欧米

の通言語的な研究や類型論研究などとの接点はあまり見られなかった。

　本稿は，以上のような現状を踏まえたうえで，日本で発展した方言研究が，今後，欧米を中心として展開している通言語的な研究と相互に連携し，さらに統合するためには何が必要か，日本語方言のアスペクト・テンス・ムード／モダリティを対象にして考察することを目的とする。まずはじめに，日本の方言におけるアスペクト・テンス・ムード／モダリティとその研究の現状を概観した後（第2節），事例として東日本方言のケを取り上げて，方言研究と通言語的な研究の連携，統合のあり方を模索する。具体的には，第3節で東京方言のケと山形市方言のケの文法的な特徴をまとめ，第4節で静岡県方言や鶴岡方言（山形県），さらには江戸語のケもデータに加えて各地方言のケの対照を行う。そして第5節で，日本の方言研究にとって，通言語的な研究との連携，統合をはかるためには今後どのような作業が必要か，整理することにする。この，第3節から第5節で述べること，すなわち，各地方言のケの意味・用法記述，ケの意味・用法の方言間の対照および類型化，そして第5節で導入する手続きは，本稿が考える，方言の通言語的な研究がこの順で踏むべきステップである。

　なお，本論文集は全体として日本語のアスペクト・テンス・ムードに焦点を当てるものであるが，本稿では，連用形あるいは終止形に接続して，テンスのほか，さまざまなモダリティを表すケを事例とするために，文法的・形態論的なカテゴリーを表す「ムード」だけでなく，意味論的なカテゴリーを表す「モダリティ」ということばも併用することにする。また，本稿では，意味について，必ずしも明確に区分できるものではないが，意味論レベルのものを「意味」とし，語用論的な「用法」と区別して言及することにする。

2. 日本語方言のアスペクト・テンス・ムード／モダリティとその研究

　まず，本節では，日本語諸方言のアスペクト・テンス・ムード／モダリティについての研究の現状を，言語地理学的な研究（第2.1節）と類型論的

な研究（第 2.2 節）に分けて確認しておこう。

2.1　言語地理学的研究

　先に第 1 節でも述べたように，日本の方言研究では，各地方言のアクセントや音素，語彙についてはその体系的な記述が行われてきたが，文法については，活用などを除けば，近年にいたるまで，文法カテゴリーや表現領域ごとの詳しい記述が十分に行われてきたとはいいがたい。山口（1968）や工藤（1983）らの例外的な研究はあるものの，方言文法の記述的な研究といえば，国立国語研究所（編）（1959）などを典型例として，当該方言に特徴的な方言事象を（かぎられたスペースで）できるだけ広く網羅するものが多かった。こういった広く浅い記述は，研究の初期の段階では重要なものであり（これは方言研究にかぎらない），それによって次のステップで行うべき研究のありかを明らかにすることができるという点で意義がある。また，このような記述が多くの方言についてなされると，全国分布の様子もおぼろげながら浮かんでくる。このようにしてアスペクト，テンスについては，いま沖縄を除くとして，

① 　西日本方言ではアスペクトをヨル（将然相・進行相）とトル（結果相）で分節し，東日本方言ではテンスを（過去・大過去など）いくつかに分節することがある。

といったことが明らかになった。国立国語研究所の『方言文法全国地図』（全 6 集，1989 ～ 2006。以下 GAJ とする）はこのような研究の積み重ねの成果であり，たとえばアスペクトについては，GAJ によって，図 1（進行相），図 2（結果相）のような分布が明らかにされた。

散っている（進行態）『方言文法全国地図』第4集198図より

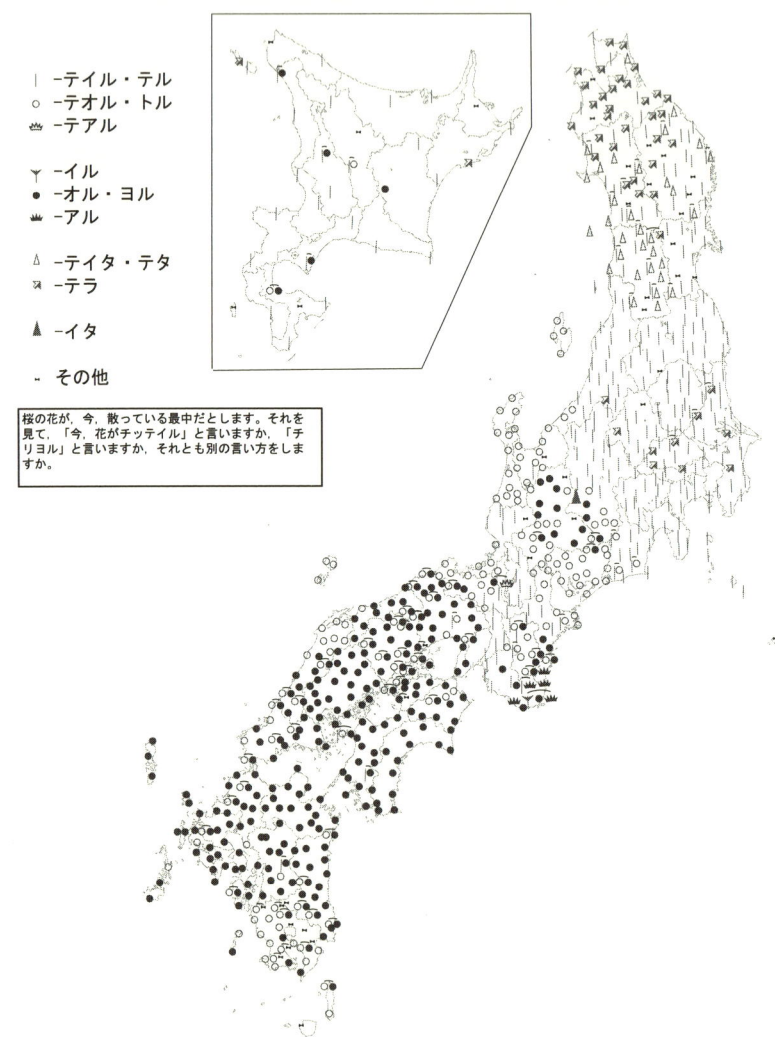

- | －テイル・テル
- ○ －テオル・トル
- ～ －テアル

- ▽ －イル
- ● －オル・ヨル
- ～ －アル

- △ －テイタ・テタ
- ⋈ －テラ

- ▲ －イタ

- - その他

桜の花が，今，散っている最中だとします。それを見て，「今，花がチッテイル」と言いますか，「チリヨル」と言いますか，それとも別の言い方をしますか。

図1：日本語方言のアスペクト形式〈進行相〉（大西拓一郎作成）

散っている（結果態）『方言文法全国地図』第4集199図より

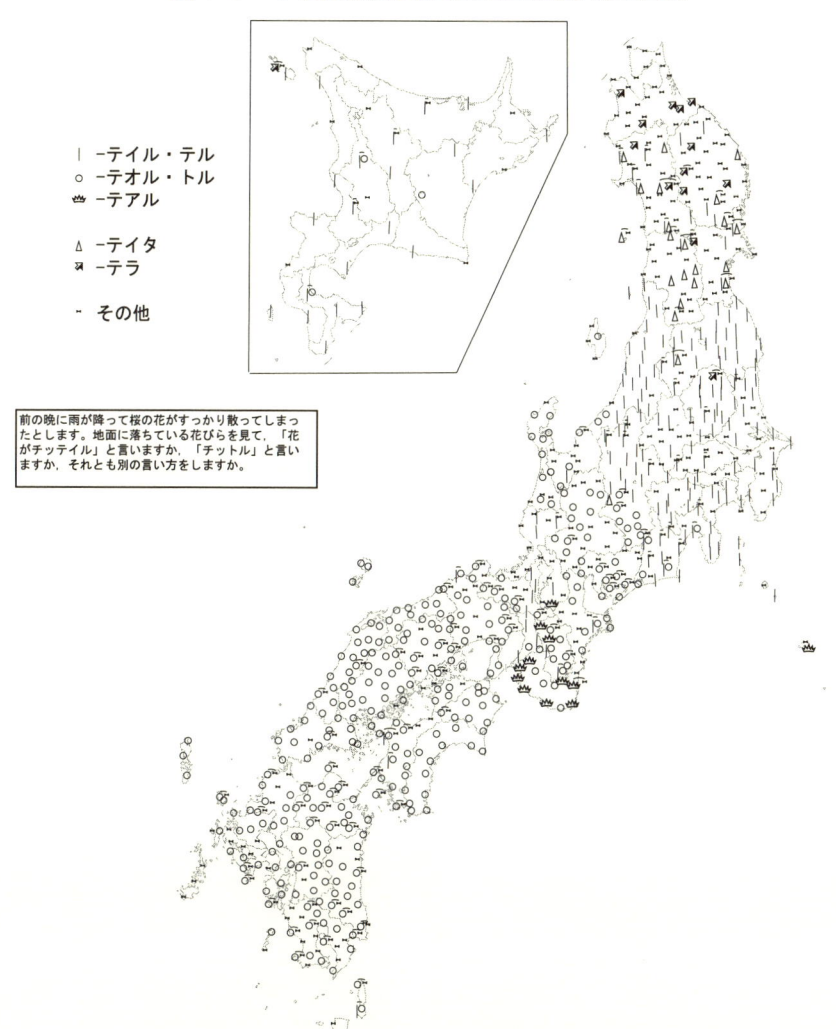

｜ －テイル・テル
○ －テオル・トル
⌒ －テアル
△ －テイタ
⊐ －テラ
－ その他

前の晩に雨が降って桜の花がすっかり散ってしまったとします。地面に落ちている花びらを見て、「花がチッテイル」と言いますか、「チットル」と言いますか、それとも別の言い方をしますか。

図2：日本語方言のアスペクト形式〈結果相〉（大西拓一郎作成）

しかし，日本語方言のアスペクトやテンスを対象として通言語的研究の立場から研究を行おうとすると，GAJ の情報だけでは不十分である。たとえば，GAJ の調査項目は，アスペクトやテンス以外のさまざまな文法項目を含め，合計で 267 である。それに対して，宇和島方言などのアスペクト・テンスシステムの詳細な記述研究を（方言学ではなく日本語記述文法の立場から）行ってきた工藤真由美を中心とするチームが，アスペクト・テンス・ムードを対象に，標準語の文法研究と方言研究を統合して各地の方言を記述しつつ通言語的な分析を試みた際に作成した調査票では，その項目は 600 にのぼった（工藤（編）2000）。このことからもわかるように，個別方言の文法記述，あるいはその対照，さらにはそれらを踏まえた通言語的な研究を行うための材料としては，従来の言語地図レベルの情報量ではまだまだ不足するのである。本稿の冒頭で日本の方言研究は通言語的な視点をすでにもっていると述べたが，この視点は，少なくとも文法事象に関するかぎり，個別方言の個々の文法事象の詳細な記述を踏まえたものではない。したがって，従来の，日本の通言語的な方言文法研究は，通言語的研究を急ぎすぎているということになる（渋谷 2001）。

2.2　類型論的研究

　さて，上で紹介した工藤らの研究では，次のようなことも前提とされている。

② 　ひとつの形式は，アスペクト・テンス・ムード／モダリティを複合的に担うことがある。

　このことについて工藤（2004）は，日本語のいくつかの方言を，表 1 のように類型化している（工藤（2006）でも同様の類型化がなされている）。

表1：各地方言のアスペクト・テンス・ムード形式

標準語	五所川原方言	宇和島方言	ウチナーヤマトゥグチ[1]
	現実性の有無	時間的限界のアスペクト	事態の認識のしかた
昨日は家にイタ〈過去〉	イダ	オッタ	イタ
今家にイル〈現在・一時的〉	イダ（イル）	オル	イル
いつも家にイル〈現在・習慣〉	イル	オル	イル
明日は家にイル〈未来〉	イル	オル	イル
この山は蝮がイル〈恒常性〉	イル	オル	イル
先生が戸を開ケタ〈過去〉	開ゲダ	開ケタ	開ケタ〈過去〉
＊	？	＊	開ケヨッタ〈直接知覚〉
先生が戸を開ケテイル〈進行〉	開ゲデラ	開ケヨル〈進行〉	開ケテール
＊	（開ゲデラ）	開ケトル〈結果〉	＊
＊	＊	開キヨル〈進行〉	＊
戸が開イテイル〈結果〉	開イデラ	開イトル〈結果〉	開イテール

1) ウチナーヤマトゥグチにはそのほかに，話し手の推論を含む客体結果を表す「お母さんが窓を開ケテアル」のような形式もある。窓が開いている発話の現場にお母さんがいない状況で，窓を開けたのはお母さんだと推測しつつ述べるものである。

　表1の方言のうち，五所川原方言は，イルのル形とタ形について，過去と目の前にある一時的な状態（realis）についてはタ形，未来や習慣のようにいま目の前にあるわけではない状態（irrealis）についてはル形を使用する，といったように，現実性の有無によって意味を分節する点が特徴的である。一方，宇和島方言にはこのようなムード的な対立はなく，むしろ時間的限界性（動きの開始と終了の時間的限界について，その前の段階か後の段階か）によって，「開ケヨル」（開始・終了の前）と「開ケトル」（開始・終了の後）が進行や結果などを表現し分ける方言である。また，ウチナーヤマトゥグチ（共通語の影響を受けた沖縄方言）には話者が直接知覚したことを表す「開ケヨッタ」のような形式があり，過去について，話者が視覚・聴覚等によって直接知覚したかどうかといった事態認識の様式（エビデンシャル）がかかわって，アスペクト・テンス体系が構成されている。

以上のような工藤の研究は，工藤・八亀（2008）の『複数の日本語』というタイトルが示すように，各方言を不連続相として捉える，類型論の立場から行われたものである。ここでは，それぞれの方言が話される地理的な位置ということはあまり考慮されていない。このような方法は，もちろん，方言文法の多様性にアプローチするためのひとつの妥当な方法ではあるが，本稿のめざす，日本の伝統的な方言研究が採用してきた（浅い）通言語的・言語地理学的な研究（第2.1節）と，欧米を中心に行われてきた，各言語の厚みのある記述に基づいた通言語的・類型論的な研究（本節もその例）を，連携，統合させるという目的のためには，そのためのさらなる手続きが必要である。

　以下，本稿では，事例として，各地の方言で使用される文末詞ケを取り上げて，方言研究と通言語的研究の連携，統合のあり方を模索してみることにする。ここでケを取り上げることの理由には，次のようなことがある。

1. 特定の形式に対象を限定することによって，議論を単純化できること。
2. 各地で使用されるケは，アスペクトやテンス，モダリティを担う形式であり，本論文集の趣旨に沿う形式であること。具体的には，古典語のキアリ（来＋有リ）がケリ，さらにはケと形を変化させるのと並行して（本論文集所収の小柳（2014: 第3節）参照。日本語では，文末における文法化の到達点は，モダリティを表す単音節の文末詞であることが多い），その意味も，実質的な意味に漂白化が起こり，徐々に，アスペクト→テンス→モダリティを表すものへと変化した。その変化の方向がいくつあるのかはまだ不明であるが，各地の方言のケは，その変化のプロセスのいずれかの段階にある意味・用法（およびそれからさらに派生した意味・用法）を表す。
3. 日本語方言のなかでは，アスペクトやテンスにくらべ，文末詞の研究が遅れていること。
4. これまで行われてきたケの研究には，本稿が考える方言研究と通言語的な研究の連携，統合という企て全体からして，まだ記述や分析が不足す

るところが多く，日本の方言研究の，これまでの達成点と今後の課題を見渡すのに都合がよいこと。

このうち，1 の，ケおよびその関連形式（古典語のキアリやケリなど）を取り上げる方法は，研究対象を特定形式に限定するというものである。この点，上で見た工藤（2004）や，可能表現について渋谷（1993）が試みたような，「ある特定の文法領域を担う複数の形式は，それぞれどのような内容語を起源としてもち，それらは，たがいに対立しつつ，どのような形式的・意味的な変化を経て（より）文法的な意味を表す形式に変化してきたか，その変化のありかたを探る」という方法と比較すれば，少なくとも形式面においては対象をかなり絞り込むことになる。

3. 各地方言のケの意味・用法の記述：ステップ 1

方言研究と通言語的研究を連携，統合させた研究を行うためには，最初のステップとして，各地方言の文法形式，文法体系を詳細に記述することが必要となる。本節では渋谷（1994, 1999b）などで考察した東京方言（第 3.1 節）と山形市方言（第 3.2 節）のケを取り上げて，その意味・用法を整理する。なお，参考までに，古典語のケリの意味・用法もあげておくことにする（第 3.3 節）。

3.1 東京方言のケ

東京方言で使用されるケの，形式的特徴（第 3.1.1 節），意味的特徴（第 3.1.2 節），構文的特徴（第 3.1.3 節）をまとめると，次のようになる。なお，以下の例文においては，*はその文が不適格であることを，？は不自然であることを，？？はかなり不自然であることを，また # は語用論的に不適切であることを表す。

3.1.1　東京方言のケの形式的特徴

　東京方言におけるケ(「ッケ」のようにケの前に促音が入るが,本文中ではケとして言及する)は,動詞と形容詞はそのタ形に後接し,名詞＋ダと形容動詞はそのタ形と基本形のいずれにも後接する。ケ自身は不変化詞で,活用することはない。

（1）　そういえばたしかみんなでそこへ行ったっケ（動詞）
（2）　そういえばあのときの太郎の態度はどこかおかしかったっケ（形容詞）
（3）　そういえば太郎はまだ未成年だ（った）っケ（名詞）
（4）　そういえばあの公園,この時期は桜がきれいだ（った）っケ（形容動詞）

　なお,動詞の場合,未来に行う行為について述べる場合には,（5）のようにノダ文にするのがふつうであるが,近年では,（6）のように,ル形にケを直接後接する言い方も増えている（この種の例は,以下の議論からは省く）。

（5）　そこへはいつ行くんだ（った）っケ？
（6）　そこへはいつ行くっケ？

3.1.2　東京方言のケの意味的特徴

　東京方言のケは,「記憶の検索による思い出し（いわゆる回想を含む）」といった意味を表す。必ずしも聞き手を必要とせず,独り言で使用することもある。

（7）　そういえばそこに喫茶店があったっケ
（8）　そんなとこに喫茶店なんてあったっケ？
（9）　こんどのテストっていつだ（った）っケ？

(7)では話し手が自身の記憶を検索して，命題部分で示された情報にヒットしたことを表し，(8)や(9)においては，命題((8)の場合)や疑問詞で示される情報((9)の場合)を検索しているが，ヒットする情報が話し手の記憶のなかには見つからないことを示している。いずれも，当該情報が一度は話し手の記憶に入った(かもしれない)という話し手の認識を前提として，話し手が自身の記憶に検索をかけているものである。
　以上，東京方言のケにとって大事なことは，話し手の記憶に収められたデキゴトや状態が，話し手による検索を受けているということである。同じく話し手の記憶に収められたことがらであっても，それを(検索を伴わずに)突発的に思い出した場合には，ケが使用されることはない。

(10) 　(学校に来て，学校の門が閉まっているのを見て) あっ，今日は学校は {*休みだ(った)っケ／休みだ(った)} ！

　また，次の文の適切性の違いも，aでは記憶の検索を行っているが，bではまだ行っていない(これから行う)という理由による。

(11) a.　太郎の結婚式はいつでしたっケ？　さっきから考えているんですが
　　 b. #太郎の結婚式はいつでしたっケ？　ちょっと思い出してみます

3.1.3　東京方言のケの構文的特徴

　東京方言のケには，次のような構文的な特徴がある。
　(a) 他の文末詞との共起のあり方。東京方言のケは記憶を検索して思い出したことを独り言的に述べる場合が多い(したがって「なあ」などと共起することが多い)が，(12)のように，思い出した情報を聞き手と共有しようとする場合や，(13)(14)のように，記憶を検索しても思い出せずにいることについて聞き手に情報提供を求めるような場合には，「ね」の下接を許すこ

とがある。

 （12）　そういえばたしか，君も，そのときその場にいたっケねえ
 （13）　ぼく，そのときその場所にいたっケね？
 （14）　太郎の結婚式って，来月のいつでしたっケね？

しかし，東京方言においては，聞き手に一方的に情報を伝える際に使用される「よ」をケに下接して用いるようなことはない。このような場合には，ケを用いずに言うのがふつうである。この点，次節の山形市方言のケなどとは異なる。

 （15）　そういえば君，そのときこんなことも {*言ったっケ／言った} よ

（b）従属節への生起のあり方。東京方言のケは，連体節はもちろんのこと，もっとも独立文的な特徴をもつカラ節などのなかでも使用されることはない。

 （16）　あの雪が {*降ってたっケ／降ってた} 日は，外出しなかった
 （17）　あの日は雪が {*降ってたっケ／降ってた} から，外出しなかった

3.2　山形市方言のケ

 次に，山形市方言のケの特徴を見てみることにしよう。以下のようにまとめることができる（以下，山形市方言の例文については，読みやすさを考慮して，ケおよびその前後の方言形式をカタカナで，他は漢字ひらがな交じりの共通語で示す）。ここでも，形式的特徴（第 3.2.1 節），意味的特徴（第 3.2.2 節），構文的特徴（第 3.2.3 節）に分けて整理する。
 なお，当該方言では，ケの文法的，意味的なふるまいが異なることから，ケの前接形式を，「動き動詞（動作動詞・変化動詞）」，「（居ル系動詞を除く）

状態用言（形容詞・形容動詞・名詞＋ダ）」，「居ル系動詞（イル・テイル）」の3つに分けて記述することにする。

3.2.1　山形市方言のケの形式的特徴

　山形市方言のケは，動き動詞についてはそのル形とタ形の両方に，促音を介さないで後接する（竹田（2004）によれば，高年層では，タ形に後接する場合など，ッケの形をとることがある）。

（18）　そういえば太郎はそのころそこにときどき{行グ／行ッタ}ケナア

　また状態用言については，ケは，アッケ（＜アルケ），要ッケ（＜要ルケ），違ウケ（以上，状態動詞），白イケ（形容詞），健康ダケ（形容動詞），学生ダケ（名詞＋ダ）のようにル形や基本形に後接する。アッタケや白ガッタケ，健康ダッタケ，学生ダッタケのようにタ形に後接することは，（一部高年層話者を除けば）ない（その理由については，第3.2.2節（b）参照）。

（19）　むかしはその公園に入るのにお金が{要ル／*要ッタ}ケ（状態動詞）
（20）　そういえばあのときの太郎の態度はどこか{オガシイ／*オガシガッタ}ケ（形容詞）
（21）　そういえばあの夜の公園，桜が{キレイダ／*キレイダッタ}ケナア（形容動詞）
（22）　そういえば太郎はまだ{未成年ダ／*未成年ダッタ}ケナア（名詞）

　居ル系動詞の場合には，動き動詞と同じように，ル形・タ形に後接してイッケ（＜イルケ）／イダケのような形が用いられるが，その各々の意味は，動き動詞の場合とは異なるところがある（第3.2.2節（c）で述べる）。

3.2.2 山形市方言のケの意味的特徴

次に、山形市方言のケの意味的な特徴について、(a) 動き動詞、(b) 状態用言、(c) 居ル系動詞に後接した場合に分けて整理する。

(a) 動き動詞に後接した場合

まず動き動詞を述語にもつ文にケが用いられた場合のケの意味を見てみよう。暫定的なものではあるが、①基本的な意味（「思い出し」と「報告」）と、②拡張的な用法に分けて整理する。

①基本的な意味：「思い出し」と「報告」
①-1 思い出し

山形市方言のケは、動き動詞のル形やタ形に後接したときには、東京方言と同じ「記憶の検索による思い出し」を表す。このとき、前接する動詞がル形をとるかタ形をとるかは、その動詞によって表される動作や変化が未完了であるか、すでに完了しているか、といったアスペクト的な要因によって選択される。

(23) そういえば太郎はそのころときどき東京に {行グ／行ッタ} ケナア

(23)は、行グを使用した場合には「ときどき東京に行く」という反復行為が継続している時点に、また行ッタを用いた場合はその反復行為が終了した後の時点に視点をおいた、過去に起こった出来事の回想表現である。後者は東京方言とほぼ同じ意味を表す。未来の出来事については、これも東京方言と同じように、次の(24)のようなノダ文によって表し、ル形のみで表すことはできない。

(24) そういえばおまえは、あした東京に {*行グ／行グンダ} ケナア

以上のように，ケが後接する文において，ル形とタ形がテンス的な対立をなさないことには，ケが思い出しを表すということがかかわっている。思い出しにおいては，その思い出す出来事は，多く，時間的に過去に起こったことであり（竹田 2004），その点，ル形とタ形のテンス的な対立は不要になる（次の「報告」の場合も同様）。これを山形市方言ではアスペクト的な対立として活用しているのに対して，東京方言では（ル・タのテンス的な特徴を維持して）タ形に一本化したのであろう。

①-2　報告
　当該方言のケはまた，「報告」という，「思い出し」とは別の意味を表す形式でもある。たとえば，

（25）　太郎はちゃんと宿題を {スル／シタ} ケ（報告）

のような文は，たとえば太郎が自分の部屋でちゃんと宿題をするかどうか見てくるよう，親に茶の間で命じられた姉が，太郎の部屋に行って太郎の様子を見た後，茶の間にもどって親に結果を報告するような場合に用いられる文である。このような場合には記憶の検索は行われない。上の例でスルが使用されるのは太郎が宿題に取り組んでいる時点で姉が太郎の部屋を離れたときであり（未完了），またシタが使用されるのは太郎が宿題にとりかかった時点で姉がその場を離れた場合（工藤（2004）の開始限界達成後，後掲の例文（31）も参照）か，太郎が宿題を終えた時点で姉がその場を離れた場合（同じく終了限界達成後）である（完了）。なお，前者のスルを使用した場合（と，後者のシタを用いた文のうち開始限界達成後）の意味は，（26）の，進行を表すテイタ文を用いても表すことができるが，スルを用いたほうが，話し手の臨場性や，動きの展開を表す度合いが高い。スルは動きをビデオで見ているのに対し，シッタ（＜シテイタ）は写真を見ているようなイメージである。

(26) 太郎はちゃんと宿題をシッタケ（＜シテイタケ）

ちなみに、報告は、必ずしも誰かに報告を要求された場合にしかなされないわけではない。次の例に見るように、話し手が自発的に報告を行うこともある。

(27) 今日学校に行ったらめずらしい人が来タケバ。誰だと思う？（バは話し手が驚きをもって事態を認識したことを表す文末詞。渋谷（2004）参照）

①-3 疑問文での使用

以上はケが平叙文で用いられた場合であるが、山形市方言のケは、思い出しと報告のいずれの意味を表す場合にも、疑問文（発話行為的には疑念表示と質問）のなかで自由に使用することができる。たとえば思い出しの場合、

(28) そんなとこに喫茶店なんてアッケガー？（あったっけ？ガはYes-No疑問文で使用される文末詞）
(29) こんどのテストっていヅダケー？（いつだったっけ？）

のように、記憶を検索しても情報がヒットしないという場合にケを使用することができるほか（東京方言の場合と同じ）、

(30) 子：このあたりはむかしは雪いっぱい降ッタケ？
　　父：（思い出しながら）あ〜〜、いっぱい降ッタケヨ

の子どもの発話のように、思い出しを要求するような場合にも使用されることがある（父親の応答発話にヨが後接している点などを考慮すると、次の報告要求とすべきかもしれない）。

また報告用法の場合にも，疑問文にケを使用することによって，聞き手に報告を要求することができる。

(31)　母：太郎がちゃんと宿題やるかどうか，ちょっと見てきて
　　　娘：わかった（と言って見に行き，もどってくる）
　　　母：どうだ，太郎はちゃんと宿題シタケガ？（報告要求）
　　　娘：うん，ちゃんとシタケヨ（報告）
(32)　A：今日は誰が来タケ？（報告要求）
　　　B：太郎と花子が来タケヨ（報告）

①-4　思い出しと報告の異同
　以上，山形市方言のケは，「思い出し」と「報告」の2つの意味を担う形式であるが，その共通点は，話し手がこれまで直接目撃したことや体験したことを述べる（当該事態が現在からどれだけ隔たっているかは関与的でない）エビデンシャル形式である点にある（本稿では仮に，エビデンシャルをモダリティに含めて考える。なお，ケはエビデンシャルを表すと言っても，次の例文(33)のように，他の人が目撃したことを伝聞として述べることも可能である）。

(33)　（先に子どもから報告を受けていた母親が父親に）今日，電器屋が来タケド（ドは伝聞を表す文末詞）

したがってケは，たとえば，例文(34)のように，見ていない歴史上のデキゴトを述べる場合などに使用されることはない。

(34)　三矢重松は1871年に鶴岡市で｛#ウマレダケ／ウマレダ｝ヨ

この場合にはタ形を用いて言わなければならない。

一方,「思い出し」と「報告」の相違点としては,次のようなことがある。
(ア) 思い出しでは (35a) のように一人称の文が成り立つが,報告を表す (35b) ではそれが成り立たない。

(35) a. 俺, 十年前ごろはよく東京に遊びに行ッタケナア (思い出し)
　　 b. *俺, 今日, ちゃんと宿題シタケヨ (報告)

ただし,テイルを付加して自分の姿を外から描き出す場合や,話し手の意志性を後退させて可能文や受け身文で事態を描き出す場合 (小林 2004: 498, 仙台市方言) には,山形市方言でも適格になる。

(36)　俺, きのうはここでちゃんと宿題シッタ (＜シテイタ) ケヨ
(37)　俺, 今日, 逆上がりデギダケヨ　　　(小林の (26) によって作例)
(38)　俺, やっぱりゴシャガッダケヨ (怒られたよ)
　　　　　　　　　　　　　　　　　　(小林の (28) によって作例)

(イ) また,思い出しと報告の間には,疑問文のときにとるイントネーションが異なるといったこともある。たとえば,

(39)　太郎はいつそのことを俺にユタ (言った) ケー? (思い出し)
(40)　太郎はいつそのことを次郎にユタケ? (報告要求)

の場合, (39) の思い出しの場合には前接するユタと同じ高さで発音されてそのまま自然下降しつつ引き延ばされるのに対して, (40) の報告要求の場合にはケに急激な上昇調がかぶさり,検索に伴う引き延ばしは行われない (報告要求を遠慮がちに行う場合には引き延ばされることがある)。
　ちなみに小林 (2004: 496) は,

(41) あいつは今日，勉強｛シタヨ／シタケヨ｝（小林の(11)によって作例）

などの例について，シタケヨの場合「振り返る感じ」が伴うといった話者の内省があることなどをもとにして，「報告」を，「現在の自己に近い明確な記憶の検索」を行うという「思い出し」の下位類として位置づける。しかし，「報告」のケが，会話の冒頭でも使用されること(27)，報告要求に対して間をあけずに応答する際に使用できること(31)，「思い出し」と異なってケ（あるいはケに後接する文末詞）が長呼されることはあまりないこと(40)，などのことがあり，話者のなかで検索が行われているとは必ずしもいえない。ケを使用した場合に「振り返る感じ」が伴うという話者の内省は，シタヨのように事実として提示するのではなく，あくまでも自身の目撃した範囲（「自分が見たところでは」）として差し出すという「報告」のケの機能に付随して生じてくる語用論的なものであろう（古典語の助動詞メリが断言回避を表すことについての，本論文集所収の小柳(2014: 第4.2節)の議論と同種のものである）。ケの「明確な断定を避け，事態を「ぼんやり」表現するニュアンス」（小林2004: 496）も，同じところから生じるものと思われる。

② ケの拡張用法

以上が山形市方言のケの基本的な意味であるが，当該方言のケには，さらに，次のような拡張的な用法と思われるものも見出される。まだ体系立った整理はできていないが，渋谷(1999b)では，②-1 危惧的思い出し，②-2 事態成立以前の意図の思い出し，②-3 感情移入などの用法があるとした。他者の経験を述べる用法であるために一人称主語をとることのできない②-3「感情移入」を除いて，いずれも一人称主語をもつ文が成り立つことから，「思い出し」から派生したものと思われる（ただし，いずれも記憶の検索が行われていない点で，「報告」から派生した可能性もある）。

②-1 危惧的思い出し（報告）

(42) a. このお菓子，おまえのだったのか。もう少しで食ウ（ドゴダ）ケハー（ハは話し手の意図した事態ではないことを表す文末詞。長呼されることが多い。渋谷（1999a）参照）
　　 b. ごめん，そのお菓子，全部食タケハー

(42a) は「あやうく食べかけた（まだ食べていない）」，(42b) は「（誤って）全部食べてしまった」といった意味である（「あやうく，誤って」の意を担うのはハ）。

なおこの用法のケも，次のように疑問文のなかで用いられることがある。

(43) あっ，つまみ，全部食タケガハー（食べてしまったか）？　せっかくお酒もってきたのに

②-2　事態成立以前の意図の思い出し（報告）：仮想用法

(44) a. そのお菓子，俺が食ウ（ツモリダッ）ケノニ
　　 b. そのお菓子，おまえが食ウ（ツモリダッ）ケノ？

(44a) では話し手以外の誰かが，(44b) では聞き手以外の誰かが食べてしまった後で，すでに手遅れとなった，お菓子がなくなる前の，話し手の意図を述べたり (44a)，聞き手の意図を確認したりしている (44b) 例である。共通語の「食べるつもりだったのに／のか」といった言い方に対応する。ル形で過去における主体の意志を表し，ケでその意志を思い出す（報告する）／意志の思い出し（報告）を要求するといった構造をとることによって，全体で，実現されなかった主体の意図を述べたてたり，確認したりしているわけである。なお，これに対して，

(45) a. そんなに食べるのがいやだったのなら俺が食タケノニ

b.　「俺が食べなかったらおまえが食タケ？」「さあ，わからないな」

といったタ形が用いられる場合もあるが，これは，共通語の「食べたのに／食べたか」と同じく，反実仮想を表す文である。

②-3　感情移入

（46）（相手の苦労話を聞いて）君はよくガンバタ（がんばった）ケナー

　これは，話し手が直接目撃したことではない，したがって思い出すことや報告することなどできないはずのことがらについて用いられたケである。これは，相手の話を追体験しながらそのときのことを描き出すという，聞き手に感情移入した用法と考えることができる。

(b) 状態用言に後接した場合
　一方，（居ル系動詞を除く）状態用言に後接した場合のケは，思い出しや報告を表すだけでなく，過去を表すテンスマーカーに変質している側面がある。

（47）　三年前まではここに入るのにお金が要ッケ（＜要ルケ）
（48）　（東京から山形に帰ってきて）東京も寒イケ

この場合，次の例に見るように，「思い出し，報告，過去」の3つの意味の対立は，必ずしも明瞭ではない。

（49）a.　太郎はそのころはまだ元気イーケナア（思い出し）
　　　b.　（太郎の様子を見てきての報告）太郎は元気イーケヨ（報告）
　　　c.　太郎はきのうは元気イーケ（過去）

つまり、第3.2.1節で述べたように、当該方言の状態用言においては、動き動詞の場合に見られる、タによる過去（ケが共起した場合には完了）とケによる思い出し・報告の文法カテゴリー間の対立が不明瞭になっていて、状態用言には、イガッタイガッタ（よかったよかった）といった慣用的な表現や、一部の高年層が使用する場合（竹田2004）を除けば、タ形がないということである。

このことには、やはり、思い出しや報告が描き出す事態の多くが過去に目にした／認識した事態であるということがかかわっているかと思われる。ケが後接する文においては、動き動詞はル形とタ形を未完了か完了かというアスペクト的な対立を表すものとして維持したが（(a) ①-1 参照）、状態用言の場合にはそもそも未完了と完了の対立がないために、ケの前ではル形・基本形とタ形の対立が余剰になる。その結果、前接形式を無標のル形・基本形に統一し、ケが思い出し・報告・過去の3つの意味を不分明なかたちで担うことになったものと思われる。したがって、当該方言のケが担う「過去」の意味は、文法化の一般的な流れとは別に、言語体系内の要因によって生じたもので、「思い出し・報告」といったモーダルな意味よりも新しいものと考えるべきである。

(c) 居ル系動詞に後接した場合

最後に、居ル系動詞の特徴を見てみよう。次のようにまとめることができる。

（ア）居ル系動詞はル形とタ形が対立するという点で、動き動詞に類似する。しかしその意味は、ル形が一時的、恒常的両方の事態を表すのに対して、タ形は一時的な状態を表すという、現実性（realis）における対立である（第2.2節の工藤の類型化のうち、五所川原方言の特徴を参照）。

(50) 太郎はいま部屋に｛イル／イダ｝
(51) 太郎はいつ行っても家に｛イル／*イダ｝

（イ）一方，居ル系動詞が過去を表す場合には，タ形単独よりも，ケを伴ったほうが自然である。この点は状態用言に類似する。

(52)　太郎はきのう自分の部屋にずっと {?イダ／イダケ} ナ
(53)　太郎はきのう自分の部屋でずっと手紙 {?書イッダ／書イッダケ} ナ（書イッダ＜書イデダ）

（ウ）なお，居ル系動詞にケが後接した場合にもル形とタ形は対立するが，その意味は，やはり現実性をめぐる対立を引き継いでいる。たとえば，

(54)　そういえばむかし，ここに白髭のじいさんが2〜3日 {*イル／イダ} ケナア
(55)　そういえばむかし，ここには野生のうさぎが {イル／イダ} ケナア

の例のうち，(54) のように一時的な存在をいう場合には，イルは使えない。
　以上のように，居ル系動詞は，動き動詞と状態用言との中間的な性質をもつということができる。
　なお，居ル系動詞の否定表現は，否定辞ネ（＜ナイ）を使用する。この場合，形式・意味ともに形容詞と同じようにふるまい，ケによって過去を表す。

(56)　きのうはどこにも行ガネケ

　参考までに山形市方言のテンス形式をまとめておくと，表2のようになる。

表2：山形市方言のテンス形式

動詞のタイプ		非過去	過去
動き動詞		書グ	書イダ
状態用言	状態動詞	アル	アッケ
	形容詞	白イ	白イケ
	形容動詞	キレイダ	キレイダケ
	名詞＋ダ	学生ダ	学生ダケ
居ル系動詞	一時的事態	イル，イダ	？イダ，イダケ
	恒常的事態	イル	イルケ，イダケ

3.2.3 山形市方言のケの構文的特徴

最後に山形市方言のケの構文的な特徴をまとめると，次のようになる。

(a) 他の文末詞との共起。山形市方言のケには，ケの用法に応じて，ネ以外にも，ベ・ガ・ヨ・ズなどの多様な文末詞が後接する。

(57) そういえばむかし君とよくここに来タケズネー（来たよね。思い出し）

(58) 太郎はちゃんと宿題をシタケ｛ネ（話し手が報告したことについての，話し手による，同席してそれを目撃した者への同意要求）／ベ（報告内容を予測した，聞き手（報告者）への確認要求）／ガ（聞き手（報告者）への報告要求）／ヨ（聞き手への報告）｝（報告）

(59) きのうは野菜が高イケ｛ネ／ベ／ガ／ヨ｝（過去）

(b) 従属節での使用。従属節内部での生起については，山形市方言のケは，動き動詞の場合，理由のガラ節や逆接のゲント（けれども）節では使用することができるが，連体節では使用されない。

(60) みんな宿題を｛シタ／シタケ｝ガラ俺もした（動き動詞・ガラ節）

(61) みんな宿題を{シタ／シタケ}ゲント俺はしなかった（動き動詞・ゲント節）
(62) そこで宿題を{シタ／*シタケ}の誰だ？（動き動詞・連体節）
(63) 宿題を{シタ／*シタケ}人を先生に知らせた（動き動詞・連体節）

一方，居ル系動詞を含め，状態用言については，ガラ節，ゲント節だけでなく，形式名詞ノなどに続く場合には連体節にも入り得る。

(64) そこに{アル／アッケ}のは全部もってきた（状態動詞・連体節）
(65) きのうそこに{?イダ／イダケ}の誰だ？（居ル系動詞・連体節）
(66) きのう，あそこで野球を{?シッタ／シッタケ}の誰だ？（シッタ＜シテイタ）（居ル系動詞・連体節）
(67) {寒イ／寒イケ}のいつだケー（寒かったのはいつだったっけ？）（形容詞・連体節）

以上，山形市方言のケには，東京方言よりも多様な文末詞が後接すること，また，ガラ節，ゲント節や一部の連体節にも入ることなどの特徴があることを見た。これらの特徴を東京方言のケの特徴とくらべれば，全体的に東京方言のケよりもコト的な性格が強いといえる。そのなかでも，ケがモダリティを表す度合いは，前接語が動き動詞（思い出し・報告）＞居ル系動詞＞状態用言（過去用法）である場合の順に強いとまとめることができる。

3.3 古典語のケリ

最後に参考までに，古典語のケリの意味・用法を見ておこう。古典語のケリは，一般に，過去の助動詞として分類されるが，過去を表す助動詞としてはもうひとつ，キという形式があり，これまでの研究ではその違いが問題になってきた。加藤（1998: 付章）や井島（2011: 15章）において諸説が整理されているが，ここでは井島によって，中古語に見られるキとケリの意味・機

能を見ておく。次の4つの説にまとめられている（以下，文献は省く。本論文集所収の小柳（2014: 第3節）も参照）。

表3：キ・ケリの意味・機能

諸説	キ	ケリ
文内のアスペクト機能説（上代語・漢文訓読語のみ）	・単純な過去。 ・アスペクトに遡るかもしれないが，上代語ではテンス形式。	・過去から動作が継続して現在に存在する。（原義） ・テンスよりも，ムード的側面（詠嘆＝気づき・発見）が強い。 ・上代語では，アスペクト形式からテンス形式へ移行中。
文内のテンス機能説	目睹回想・経験回想・直接的過去	伝承回想・伝聞回想・間接的過去
	アオリスト	インパーフェクト
	アクチュアル	非アクチュアル
文内のムード機能説	確信	気づき・発見
		判断・説明
		詠嘆・感嘆
テキスト機能説		「輪郭」を描く
		「あなたなる世界」の事象
		語り手の介入
		物語る
	以前の物語現場	語り手の「今・ここ」の視点

　残された文献資料から十分に確認できるわけではないが，上の表の「文内のアスペクト機能説」が述べるように，ケリはもともと，「動詞連用形＋キ（来）＋アリ（有り）」という複合的な動詞（compound verb）あるいはキ＋アリの部分が融合したケリのかたちで，動詞が示す動きが時間的に継続し（「キ（come）」の部分），現在に至ってもその動きが存在する（アリ（be））というアスペクト的な意味を表していたものと思われる。それが，さらに文法化を進めてテンスを表す形式へと変化し，次のように状態動詞にも後接するよう

になった。

   (68)　昔，男ありけり　　　　　　　　　　　　　　　　（伊勢2など）

　ただし，テンスの段階にあっても，ケリはさまざまなモーダルな意味を同時に担い，ときにはモーダルな意味のほうが前面に出ていて，むしろテンスを担う形式とはみなせないようなところがある。上の表で（過去の助動詞「キ」と対比して認められる）「伝承回想・非アクチュアル」の意味を表す次の例や，

   (69)　今は昔，竹取の翁といふものありけり　　　　　　　　（竹取）

「気づき，発見」の用法とされる次のような例のケリである。

   (70)　見し心地する木立かなと思すは，はやう，この宮なりけり
   　　　　　　　　　　　　　　　　　　　　　　　　　（源氏，蓬生）
   　　　（何だか見覚えのある木立だなとお思いになりましたのは，それも
   　　　道理，そこは常陸の宮のお邸だったのです　　（瀬戸内寂聴訳））
   (71)　「（生け贄となった自分を食べに来るのは神だということであった
   　　　が）これも，はやう猿なりけり（実は猿だったんだ）」と見て心安く
   　　　なりぬ（安心した）　　　　　　　　　　　　　　（今昔26-8）

　表3からは，（キよりも）ケリの意味・機能についてさまざまな議論が展開されていることがわかるが，それは，中古語のケリが，以上のように，文レベルにおいてはテンス的な側面とモダリティ的な側面をあわせもち，それが，テキストレベルにおいては上の表に記載されたようなさまざまな機能を果たしていたからだと思われる。
　なお，ケリは，その後，その連体形のケルが，完了・存続（アスペクト）

を表すタルや，形容詞カリ活用の連体形カルなどが，過去のタや九州方言のカ語尾になったように，末尾のルを落としてケとなった（第5.1節で考察する鹿児島県種子島方言ではケルが使用される）。各地方言のケは，全般的にモーダル化を進めつつ，以上のような中古語のケリのいずれかの側面をさまざまな度合いで引き継ぎ，また各地で独自の変容を加えられて，現在も使用されているものである。

4. 他の方言のケとの対照と記述枠の設定：ステップ2

　第3節では，東京方言と山形市方言のケを取り上げて，その意味・用法を細かく記述する作業を行った。このような記述作業はケを通言語的に分析するための最初のステップであるが，各地方言のケの記述が一定程度蓄積されたところで，次のステップに移ることになる。すなわち，各地方言のケの形式・意味・構文的な特徴を対照することによってその間に見られる特徴の異同を確認するとともに，各地方言のケの類型化を行う作業である。この作業はもちろん，対象とする方言の数が多ければ多いほどよい。その場合，通言語的な研究を行うことを前提とすれば，ケの用法が類似する隣接地点を選ぶよりも，できるだけ多様な用法をもつ地点を選んだほうが効果的である（通言語的な研究を行う場合のサンプリングの問題については，Bybee *et al.* (1994: ch.2) など参照）。

　渋谷（1999b）で行ったその部分的な作業の結果を126ページの表4に示す（参考までに江戸語も加えた）。通言語的な研究においては，このような対照を行うことは初手から想定されている。したがって，各地方言のケの記述に着手する時点でその記述の枠組み（調査票）がおおまかにでもできあがっていることが望ましいのであるが，そのような枠組みはふつう，複数の地点の記述を終えた後に徐々に姿を現し，調査地点を増やすたびに精緻化されていくといったたぐいのものである。すべての方言のケの記述を終えないかぎり完成することはない。この作業は，アスペクトや可能表現，授受表

現等についてはかなりの程度完成しているところであるが（大西（編）2002, 2006; 工藤（編）2004; 日高 2007; 国立国語研究所全国方言調査委員会（編）2009 など），ケについてはまだ十分ではない。ここではごく暫定的に作成した枠を示す。ケの用法がもっとも多様な山形市方言の枠をベースにした。

　静岡県の方言については，各地点の情報が十分でなく，便宜的に県内の複数の地点の記述をまとめて示してある（もちろん本来は，このような整理のしかたはあるべきではない）。また，当該用法の有無がそれぞれの記述（出典）で確認できないところについては「？」で示した。なお，静岡県方言のケは，活用語の連用形に接続することがあること，動き動詞に後接した場合にも過去を表すことなどから，古典語のケリの特徴にもっとも近いことが推測される。

　以上が，筆者がケについてこれまで行ってきた研究の（中間的な）到達点である。以下，本稿の残りの部分では，ここを出発点として，今後，方言研究と通言語的研究を連携，統合させるために行うべき研究のプログラムを提示することにする。

表4：各地方言のケの特徴

				東京方言	江戸語	鶴岡方言	山形市方言	静岡県方言
上接語	動き動詞			タ形	タ形	ル形・タ形	ル形・タ形	連用形・タ形
	イル			タ形	タ形	ル形・タ形	ル形・タ形	連用形・タ形(・タ形？)
	アル			タ形	タ形	ル形	ル形	連用形(・タ形？)
	形容詞			(基本形・)タ形	タ形	基本形	基本形	基本形
	形容動詞			基本形・タ形	基本形	基本形	基本形	基本形
意味・用法	基本	動き動詞		思い出し	思い出し・報告	思い出し・報告	思い出し・報告	過去(回想)
		状態用言		思い出し	思い出し・報告・過去	思い出し・報告・過去	思い出し・報告・過去	過去(回想)
	派生	危惧的思い出し		-	?	?	○	○
		仮想		-	○	-	○	○
		感情移入		-	○	?	○	?
	ヨの下接			-	○	○	○	○
構文	理由節内の使用			-	○	○	-	○
	連体節	動き動詞		-	?	-	(○)	○
		状態用言		-	?	-		○

・江戸語は渋谷(1999b)、鶴岡方言は渋谷(1994)による。静岡県方言は、新村(1971 [1901])、中田(1979)、山口(1968)などによって仮にまとめた。
・形容詞については、東京方言ではケは形容詞のタ形に下接し、基本形に下接するのは新しい言い方。
・意味・用法欄の「○」はその方言にその用法があること、「-」はその用法がないこと、「?」はその用法の有無が確認できていないことを表す。上接語欄、構文欄についても同様。

5. 方言研究と通言語的研究との統合に向けて

本節では，引き続きケを対象として，これまで行われてきた日本の方言研究と，欧米を中心に展開してきた通言語的研究の視点や成果を統合しつつ行う，今後の通言語的な研究のひとつのあり方を考えてみることにする。その統合を行うためには，少なくとも次の5つの作業が必要である。

- (A) 各地方言のケおよびその関連形式の（より）詳細な記述（第3節の発展）。
- (B) 各地方言のケの意味・用法間の対照と対照枠の精緻化（第4節の発展）。
- (C) ケの文法化のルートの解明。これはケの意味・用法間の関係を探る作業であるが，次の2つのレベルで行われる必要がある（この段階では，地理的な情報はまだ考慮に入れない）。
  - (C-1) 個々の方言の内部において，ケの意味・用法の間に見出される文法化（意味・用法の拡張）のルートを解明すること（(A)の解釈）。
  - (C-2) ケの方言間の意味・用法の異同をもとに，その文法化のプロセスを解明すること（(B)の解釈）。
- (D) ケの文法化を地域的広がりのなかで解明すること。
- (E) 以上の知見と，これまで日本語以外の言語を対象として行われてきた通言語的研究の成果とを統合し，さらに上位の分析をめざすこと。

個々の作業の結果はたがいに他の作業のインプットとなるもので，たとえば(A)の個別方言の記述の成果は(B)の汎方言的な意味・用法の枠組みを精緻化するとともに，(B)の各方言のケの意味・用法を対照する作業は(A)の個別方言の記述不足を指摘することになる（当該方言にその意味・用法がない場合には，「ない」ということを積極的に示す必要がある）。他の作業の

間にも同じような関係が成り立つ。

　以下，本節では，上の (A) ～ (E) の順に，本稿の考える方言研究と通言語的研究を統合するアプローチを展望してみることにする。

5.1　(A)(B) 各地方言のケのより詳細な記述と対照枠の精緻化

　(A) と (B) は，第3節と第4節でまとめたところを発展させる作業である。筆者の場合まだ渋谷 (1999b) を発展させる作業は行っていないが，その後同じ山形市方言のケを記述した竹田 (2004) が著され，また，隣接する仙台市方言のケや遠く離れた鹿児島県種子島方言のケルを記述した小林 (2004: 第3部第2章。先行する論文があるが，最新のものとして本稿はこれによる) などが著されている。これらの論考によって，表4の意味・用法欄に，さらにいくつかの意味・用法を盛り込む必要性が見出された。ここでは，東日本のケとは特徴が大きく異なる種子島方言を例にして考えてみよう。次のような意味・用法が，表4に付け加えられるべきものである。

　①認識の成立。話し手の発話時現在における，外的視点性の (遠巻きに事態を眺める) 立場に立った，ことがらへの認識の成立を表示する (小林 2004: 489)。

(72)　(いつもすましていて笑ったことなどない女性が会話の途中で急に笑い出した。そのときに) ワーモ　ワラーワ　スッケラー (おまえも笑うんだなあ (考えてもみなかった))　　　　(小林の (4))

小林によれば，ことがらの生起時と発話時との時間的関係からケルの適格性を整理すると，次のようになるという。例とあわせて示す (小林 (2004: 483)。(b-2) の例は記載がない)。

表5：種子島方言におけるケルの適格性

ことがらの生起時と発話時との時間的関係	ケルの適格性
(a) ことがらが生起したその時点での発話	適格
(b) ことがらの生起からあまり時間が経過していない時点での発話	
(b-1) 普通の場合	不適格
(b-2) 度忘れ，勘違いの場合	適格
(c) ことがらの生起からかなり時間が経過した時点での発話	
(c-1) 普通の場合（いわゆる回想）	適格
(c-2) 記憶が鮮明な場合	不適格

(73) （釣りに来たがなかなか魚が掛からない。1時間経ち2時間経ちする間に，いよいよつれないことがはっきりしてきて）キョーワ　ツレンケラー
　　　　　　　　　　　　　　　　　　（上記(a)，小林の(6)）
(74) （その後家に帰ってきて）*キョーワ　ツレンジャッタケラー
　　　　　　　　　　　　　　　　　　（上記(b-1)，小林の(7)）
(75) （過去のことを回想して）アントキャー　ツレンジャッタケラー
　　　　　　　　　　　　　　　　　　（上記(c-1)，小林の(9)）
(76) 　A：おまえはあの頃ここに来たか？
　　　B：ここは通った学校があったところだ。*ココニ　キタケラー
　　　　　　（上記(c-2)，小林の本文記載内容にしたがって作例）

②伝聞に似た用法。ケルが伝聞を担うわけではないが，「あることがらへの認識の成立」を表すケルの働きが，情報源が伝聞の場合にも適用されたもの。ただし①の場合と異なって，(b-1)ことがらの生起からあまり時間が経過していない時点での発話（普通の場合）でも使用できる。

(77) （自分とは別の場所へ行った釣り人も，自分と同様釣れなかったということを耳にして，それから間を置かず，家に帰ってから）アイモ（彼も）　ツレンジャッタケラー　　　　　　（小林の(17)）

(A) と (B) の作業は，このようにして各地方言のケの記述を増やしつつ，そのなかで新たに見出された意味・用法（種子島方言の場合「認識の成立」「伝聞に似た用法」など）を表4に組み込んで，その対照枠を拡大していく作業である。

　ただし，対照枠を作る作業にはいくつかの問題がある。たとえば，次のような問題である。

　(a) 上ではまだ，種子島方言のケルと山形市方言のケの意味・用法の異同を検討することは行っていないが，対照枠を作成するためには，この作業を行う必要がある。しかし，いま，各研究者が使用する用語の多様性の問題はおくとしても，「異なった方言のケ（ル）の間で意味・用法が同じ」と認定することは，実は容易なことではない（井上2006参照）。ここで作成する枠は，自然と目の粗いものにならざるをえない。

　(b)（とくにメトニミー的意味拡張を見せる場合など）連続するところがある各意味・用法を，いかに区切って，いかに分類するかということも大きな問題になる。この問題の解決策には，たとえば英語の法助動詞についてCoates (1983) などが行ったようなファジー集合理論 (fuzzy set theory) を導入する方法などもあるが，誰もが納得できるかたちで解決することはむずかしい。

　以上のような問題は，多くの研究が行われるなかで自然に落ち着くことを待つしかないところがある。

5.2　(C) 文法化ルートの解明

　次に，ケの担う多様な意味・用法を，文法化のルートの上において捉える作業である。ここは，これまでの通言語的研究の成果を活用できるところであるとともに，方言研究側から新たな知見を提供できる可能性のあるところでもある。この作業には，(C-1) 個々の方言内部におけるケの意味・用法の文法化のルートを明らかにすることと，(C-2) 方言間の意味・用法の異同を踏まえて文法化のプロセスを解明すること，の2つがある。

まず (C-1) の個々の方言内部におけるケの意味・用法に見出される文法化（用法の派生）のルートについては，たとえば山形市方言の場合，従来の文法化研究において明らかにされた，意味面でよりコト的な文法要素がモダリティ的な文法要素へ，統語面で動詞に近い位置から遠い位置へ変化するという一般的なルートなども踏まえつつ，そのルートを，仮に，

(78) 過去（状態用言）→思い出し（動き動詞）・報告（動き動詞）

のように想定してみることからはじめることになろう。もっとも，山形市方言のケ（状態用言に後接した場合）に見られる過去の用法については，高年層では過去を表すのにタ形も使用すること（竹田 2004），状態用言の場合ケに前接するル形・基本形とタ形にアスペクト的な対立がないという文法的な条件によって過去の用法が発生したと思われること（第 3.2.2 節 (b)），隣接する仙台市方言などでもケの過去用法は比較的新しいものであること（小林 2004）などの点があり，このルートの少なくとも最初の出発点（「過去（状態用言）」）は妥当ではない。

ちなみに小林 (2004: 511–512) は，種子島方言や焼津市方言（中田 1979）に，

(79) コガントコレー（こんなところに）｛アッケラー／アッタケラー｝（種子島方言）
(80) ナンダ　コンナトコニ　イケ（焼津市方言）

といった発見（気づき）の用法があることも加味して，ケルおよびケの用法の変化・拡張の過程（順序）を次のように推定している。

1. 外的視点性に立った（＝自己の記憶世界外のことがらへの）認識の成立
2. 自己の記憶世界内のことがらへの認識成立（＝思い出し）（東日本）

3. 現在の自己に近い明確な記憶の検索（＝報告）
4. テンス形式化

そしてこの変化の方向性を，「モダリティ形式からテンス形式への傾斜を強めていった」，あるいは，「心的距離の物差しで計るなら，ケの機能の変化は，それが言及することがらと自己との間の距離が「遠」から「近」へと縮小」したとまとめ，また，「気づき」の機能を中心とする点で，種子島方言のケルと古典語のケリには近いものがあると述べている。

小林の指摘する「モダリティ形式からテンス形式へ」という方向性は，文法化の一般的な流れとは逆の方向へ進む変化であり，上に述べたように，山形市方言等においては個別事情がかかわっている可能性のあるところである。また，思い出しよりも（江戸語にはあったと思われるが東京語では失った）報告を新しいとする点など，さらに検討すべき余地があるが，ひとつの考え方ではある。

いずれにしてもケについてはこれ以上の分析はまだ行っていないので，ここでは，類似する視点を採用してなされた，助詞サをめぐる日高水穂の研究（真田（編）2006）によって，この段階で行う作業（文法化ルートの解明）のイメージを捉えておこう。図3は，秋田方言の変化構文に用いられる助詞サの用法の広がりを調査したものである。サとケとでは文法的な性質がかなり異なるが，（C-1）の作業がめざすところはイメージできるかと思う。以下の図3では縦に例文が並んでいるが，これを表4の意味・用法欄に記載したような個々の意味・用法名に置き換え，さらにそれを，使用率の高いものから低いものへと順次派生したとする派生のプロセスとして捉えれば，ほぼパラレルなものになる。

ちなみに表4では，意味・用法欄に「○」と「-」のいずれかを記し，その用法がその方言にあるかないかをカテゴリカルに示した。一方，図3は，それぞれの用法のサを使用するかどうかは話者ごとに異なり，使用率として理解する必要があることを示している。表3の山形市方言のケについては，

基本的に筆者1名の内省に基づく分析であるので，個々の用法を使用率といったかたちで表すことが必要なのか否かの確認はまだできていない。もし話者間で，意味・用法によってケの使用の有無が分かれるような場合には，日高の調査と同じように，多人数調査が必要になるところである。

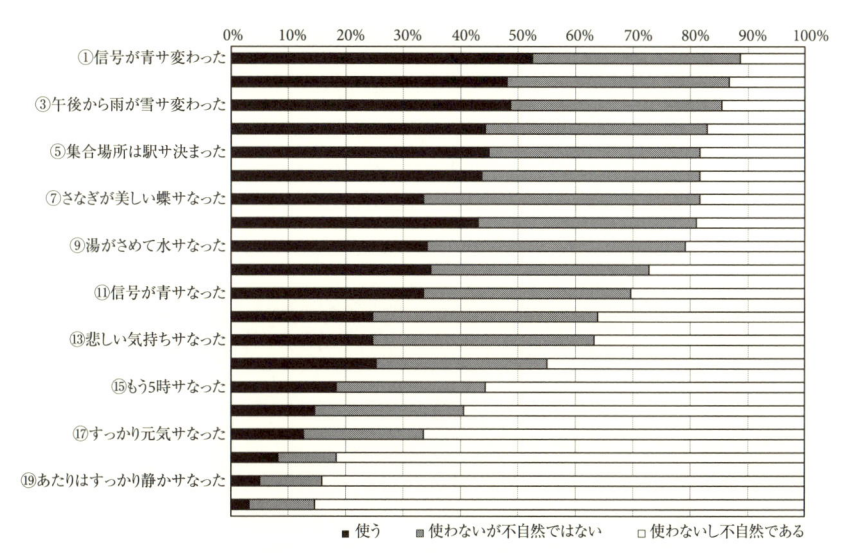

```
                          0%  10% 20% 30% 40% 50% 60% 70% 80% 90% 100%
①信号が青サ変わった
③午後から雨が雪サ変わった
⑤集合場所は駅サ決まった
⑦さなぎが美しい蝶サなった
⑨湯がさめて水サなった
⑪信号が青サなった
⑬悲しい気持ちサなった
⑮もう5時サなった
⑰すっかり元気サなった
⑲あたりはすっかり静かサなった
                          ■使う  ▨使わないが不自然ではない  □使わないし不自然である
```

図3：変化構文に用いられる助詞サの適格性判断
（真田（編）2006：日高水穂調査・作成）

次に，(C-2)として，表4のように各地方言のケの用法を一覧にしたところをもとにして，通言語的に帰納できる文法化のルート（マクロの文法化ルート）を明らかにする作業がある。いわば，各方言のケに見出されるミクロの文法化ルートをつないでいく作業であり，ケ（リ）のたどった／たどる文法化ルートの全体像を描き出す作業である。このマクロの文法化ルートが明らかになれば，ある特定の方言のケが過去にたどったルートや，今後たどっていくだろうルート，あるいはそれぞれの方言のケだけに見られる個別的な変化の様式などがわかるようになるはずである。この種の研究は，現

在，①類型論的ステップ，②動態論的ステップの，2つのステップを踏んで行われている。①の類型論的なステップが，②の動態論的ステップへのインプットとなる。

　①類型論的ステップ。各方言を類型論的に分類するもので，たとえば第2節で見た，表1などはこのアプローチによるものであった。このアプローチでもって表4を見ると，ケは，少なくとも次の3タイプへの類型化が可能であろう（江戸語を除く）。すなわち，(a) ケが用言の連用形に後接し，意味・用法が多彩で，連体節のなかでも使用される静岡県方言のタイプ，(b) ケが用言のル形・基本形もしくはタ形に後接し，意味・用法が多彩であるが，連体節での使用がほとんどない山形市方言・鶴岡方言のタイプ，(c) ケが基本的に用言のタ形に後接し，意味・用法や文内分布もかぎられる東京方言のタイプ。

　②動態論的ステップ。もうひとつのアプローチは，①で設定した類型を個別のタイプとして捉えるだけでなく，それらを，ひとつ（あるいは複数）の，マクロの文法化ルートのいずれかの段階を反映するものと想定して，そのマクロの文法化ルートを描き出しつつ，その上に個別方言の用法を位置づけようとするものである（Bybee et al. 1994 など）。本稿の (C-2) の作業は，この立場で行うものである。①のケの3タイプについては，ここでもコト的な文法要素からモダリティ的な文法要素へという一般的な文法化のルートを踏まえれば，おそらく，ケが連用形に接続して多様な意味・用法をもつ静岡県方言のタイプがもっとも始原的なもので，ついでケが終止形に接続するものの多様な意味・用法を維持する山形市方言・鶴岡方言のタイプ，そしてケの用法が思い出しというモダリティ用法に限定されている東京方言がもっとも文法化の進んだものという位置づけになろう。

5.3　(D) 文法化の地域的広がりのメカニズムの解明

　さて，以上の作業だけではまだ，これまで方言研究が行ってきた，ことばを空間のなかで捉えるという，もっとも方言研究らしいところとはリンクし

ていない。方言研究がその方法上の特徴を最大限に発揮して通言語的研究と連携するとすれば，それは，やはり，ことばを地理的，空間的に連続相として捉え（したがって，ここでは，第4節冒頭で記述の枠を設定することに関して述べたこととは異なって，隣接する地域の方言を積極的に取り上げていくことになる），それを時間軸に置き換えて解釈していく言語地理学的な視点を提供することであろう。このような，同じ言語のたがいに隣接する地域の変種をまるごと分析の対象とする視点は，橋本（1978）の言語類型地理論などを除けば，一般に行われている通言語的な研究は持ち合わせていないところであり（むしろ，分析対象言語のサンプリングを行う際に，意図的に避ける。マルチュコフ氏の指摘による。Haspelmath *et al.* (2005)などはその例外），地理的分布という，より微細な，（抽象化の度合いが低いという意味で）より現実に即した文法化のルートを描き出すのに貢献するところである。

　ケについては，たとえば小林（2004: 491）が，GAJ第3集141図（（この着物は）高かった。単純な過去）と第4集186図（（昔のことを思い出して，あのときは）おもしろかったなあ）・第188図（（昔，友達と祭りに行ったことをなつかしく思い出して）行ったなあ。以上思い出し）を重ね合わせて図4（次ページ）を作成している。

　この分布図は，たしかにケの使用地域を明らかにし，文法化のメカニズムを空間的に捉えるための最初の一歩となっている。しかし，GAJが行ったのは，ケの表す代表的な意味をいくつか（ここでは過去と思い出し）抜き出して，その意味を表すのにケを使用する地域を明らかにするという作業である。GAJの図を重ね合わせただけでは，各地でケがどのような意味・用法を担うのかを知ることはできない。したがって，現段階においては，空間軸においてケの文法化のメカニズムを明らかにするにはデータが大幅に不足すると言わざるをえないので（その不足を補うためには，(A) の，個々の方言におけるケの（より）詳細な記述を行う作業にもどることになる），ここでも，その作業のイメージ（モデル）だけを捉えておくことにしよう。ごくナイーブなかたちで視覚化すれば，図5のようになる。

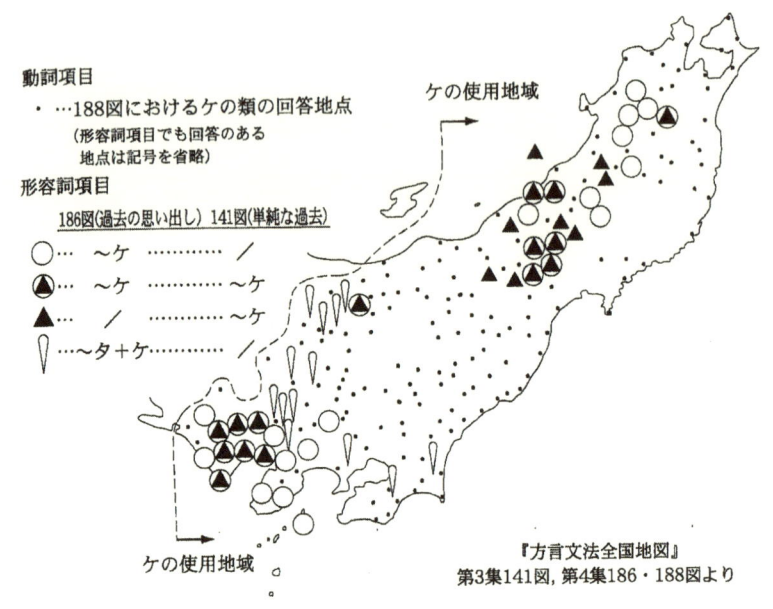

動詞項目
・…188図におけるケの類の回答地点
　（形容詞項目でも回答のある
　　地点は記号を省略）
形容詞項目
　186図(過去の思い出し) 141図(単純な過去)
　○ … ～ケ ………… ／
　● … ～ケ ………… ～ケ
　▲ … ／ …………… ～ケ
　▽ … ～タ＋ケ ………

図4：ケの類の分布図（小林 2004: 491）

意味・用法＼地点	1	2	3	4	5	6	7	8	9	10	11
A	-	-	-	-	-	+	-	-	-	-	-
B	-	-	-	-	-	+	+	-	-	-	-
C	-	-	-	-	+	+	+	+	-	-	-
D	-	-	-	+	+	+	+	+	+	-	-
E	-	-	+	+	+	+	+	+	+	-	-
F	-	+	+	+	+	-	+	+	+	+	+
G	+	+	+	+	+	-	-	+	+	+	+
H	+	+	+	+	-	-	-	-	+	+	+
I	+	+	+	-	-	-	-	-	-	+	+
J	+	+	-	-	-	-	-	-	-	-	+

（左側：↑モダリティ ↓コト）

図5：空間軸におけるケの文法化

この図は，次のようなアイディアのもとで作成したものである。

①図のヨコ軸に，グロットグラム（地理×年齢図）と同様に空間を配するとして，タテ軸には，表4で示したケの個々の意味・用法を，よりモダリティ寄りのもの（思い出しなど）を上端に，よりコト寄りのもの（過去など）を下端に配して，作成する（このような図の名称はまだない。なお，本来は，空間を，言語地図のように二次元で捉える，つまり三次元の図を作成するのが理想的である）。

②この図には，これまでの文法化研究が明らかにしてきた文法化の一方向性（unidirectionality）ということと，言語地理学研究が明らかにしてきた隣接分布の原則と周辺分布の原則（柴田1969）を組み込んでいる。

③この図では，当該用法の有無を「+」と「-」で示しているが，地点6を中心としたとき，文法化は，地点6のケがもっとも進んでいること，また左側の地域よりも右側の地域のほうがわずかに進んでいることを表している。ちなみに，ヨコ軸の1と11の地点（もっともコト寄りの古い用法をもつ地点）には，現時点では静岡県方言と山形市方言を配することになり，6には東京方言を配することになるが，タテ軸の意味・用法，ヨコ軸の地点のいずれも，各方言のケの記述が進み，また文法化のルートが解明されてくるにつれて，入れ替えられる可能性がある。

④この図は，6を中心にして左右がほぼ対称になるように作成している。これは，②にあげた原則がどの地域にも均質に働いて理想的な周圏分布を描く場合を想定したものであるが，実際には（とくに文法事象の場合）もっと複雑な様相を見せるはずである。たとえば小林（2004: 476）は，「中央から伝播した古典語は，西日本ではそのまま受容される傾向が強いために自然に衰退が進み，その過程で古態が残存する。一方，東日本では古典語を大きく変容させ，新しい形式や意味として積極的に「再生」する作用が強いことから，生まれ変わった古典語があらためて広範囲に広まりやすい」という一般的な傾向があることを指摘し，ケの全国分布についても，「アンバランスな周圏分布を示し，かつ，東西対立分布への移行が極度に進んだひとつの事

例」と捉えている。この考え方にしたがえば，ケの意味・用法の地理的な分布は，左右対称にはならない。

⑤なお，この図は，どの地点でもケという同一形式を使用するという前提にたって描いたものであるが，これが仮に用法によってケとケルが使い分けられたり，前接形式が連用形と終止形に分かれたりするような場合には，具体的な形式情報を図に記載することになろう。あるいは，先の図3のように，ある用法における形式の使用が話し手の属性等によって可変的（variable）である場合には，何らかのかたちでさらにその使用率も記載することになる。

以上がこの図の概要である。

この図が前提とした②の変化の一方向性ということはもちろん，今後，ケについても経験的に確認していくことになる。これまでの研究，たとえば，助詞サの用法の地理的分布とその成立過程を GAJ 等によって明らかにしようとした小林（2004: 第3部第1章）や，さまざまな言語のさまざまな文法カテゴリー，文法形式の文法化のあり方を整理した Bybee *et al.*（1994）や Heine and Kuteva（2002）などによれば，文法化の方向は必ずしもひとつではない。また，隣接分布の原則や周辺分布の原則についても，そもそも分布地域が東日本の各方言と分断され，ごく限定された地域に分布している種子島のケルなどを文法化のルートの上にどのように位置づけるかは大きな問題である。

さらに，今後の研究の進展によって，各意味・用法について図5の上に何本もの等意味・等用法線が引かれ，それがある地域で重なって，同じケを用いていてもたがいに隣接地域とは大きく異なった様相（不連続相）を示すところが出てきたとき，それをどのように解釈するか（単純に地理的な障壁等のためと解釈するか，それとも文法化のあり方に一定の制約があると考えるのか，など），答えることが求められよう。これらの問題については，今後，研究のそれぞれの段階においてあらためて検討していく必要があるが，いずれにしても，方言研究が今後の新たな通言語的研究の展開に大きく貢献する

ところである。

5.4 (E) 通言語的研究の成果との統合

　日本の方言研究と通言語的研究を統合するために必要な作業としてあげた最後の (E) は，(A) ～ (D) の知見と通言語的研究の成果を有機的に統合し，さらに上位の分析をめざすということである。ここでは，ケを事例としたとき，次の2つのルートが統合され，一段上の一般化をめざすことになる。

① 方言研究が明らかにする，空間軸における，ケとその関連形式の文法化のルート
② 世界の言語を対象とした通言語的研究が明らかにしてきた COME (以下大文字で表記するところは語彙・文法概念 (lexical/grammatical concept) を表す。Heine and Kuteva (2002: ch.2) 参照) および COME + BE などの動詞複合の文法化のルート (あるいは一般的に，各言語のアスペクト・テンス・ムード／モダリティ形式が成立する文法化のルート)

①についてはすでに述べたので，ここでは②について簡単に見ておこう。
　ケが [キ (来) + アリ (有り) ＞ケリ (ケル) ＞ケ] といった形式的な変化を経たとして，この作業ではまず，世界の言語の，[COME + BE] のような複合形式の文法化のルートを探ることになる。このことについて，たとえばHeine and Kuteva (2002) の COME を含む項には，以下の記載がある (アスペクト・テンス・モダリティに関するところを抜粋)。

・COME ＞ (1) CONSECUTIVE
・COME (+ gerund/present participle) ＞ (2) CONTINUOUS
・COME ＞ (3) HORTATIVE
・COME ＞ (4) VENITIVE
・COME FROM ＞ (2) NEAR PAST

・COME TO ＞（2）CHANGE-OF-STATE
・COME TO ＞（3）FUTURE
・COME TO ＞（4）PROXIMATIVE

　このようなまとめから，COME は世界のさまざまな言語において CONSECUTIVE や CONTINUOUS，VENITIVE など，ケリの意味と一部重なりそうな文法的意味を発生させていることがわかる（モーダルな意味については，ケリのほうが発達させているように見える）。

　しかし，Heine and Kuteva（2002）には［COME + BE］の項目はなく，また，記載のある項目についても当該書の目的からして個々の形式の個々の意味・用法に基づいて文法化のルートが詳細に説明されているわけではない（Bybee *et al.*（1994）なども同様）。したがって，①の，方言研究によって，空間軸における，ケとその関連形式の文法化のルートが明らかにされたとしても，これらの情報のなかにはまだ，それと統合すべき研究の成果が十分にはないということになる。ここはむしろ，本節の冒頭で述べた（A）〜（C）段階に相当する作業にもどり，以下のような，Bybee *et al.*（1994）や Heine and Kuteva（2002）の一般化を精緻なものにする作業を，循環的かつ有機的に行うべきところであろう。

1. Heine and Kuteva（2002）の事例の出典にもどって確認する。
2. 他の言語の COME 相当形式の文法化に言及した研究を探す。
3. 他言語の記述に不足するところがある場合には，当該言語話者に調査を行ってそれを補う。
4. 以上と，日本語のケおよびその関連形式の意味・用法の分節のあり方や文法化の様相を突き合わせる。

　研究の現段階ではまだ先のことと言わなければならないが，方言研究の成果と通言語的研究の成果の統合と止揚は，このような作業のなかで実現され

るはずである。

6. まとめ

　以上，本稿では，本論の目的である方言研究と通言語的研究の統合という目的からしてまだ研究途上にあるケを素材にして，筆者の考える，方言研究と通言語的研究の統合のひとつのあり方を考えてみた。

　最後に，ケ以外の文法事象も含めて，本稿で考えた通言語的方言研究を広く実施していくために，あらためて，日本の方言研究の現状（第 6.1 節）と，その問題点（第 6.2 節）を整理しておこう。

6.1　日本の方言研究の現状

　まず，日本の方言研究が通言語的研究と連携するために，すでに達成している点を確認しておこう。少なくとも次の 2 点がある。

① 便宜的に切り取ったひとつの意味や意味領域に固定してのことではあるが，言語地理学など，複数の方言を同時に見渡すという通言語的な視点と方法をすでにもっている。
② 個別言語の記述的研究や通言語的研究から見ればまだまだ情報が不足するが，方言文法研究においても，広く浅い記述，および，それをもとにした全国分布図（GAJ など）とその解釈が行われ，通言語的研究を行うための土台はできている。

6.2　日本の方言研究の問題点

　一方，次のような点はまだ十分ではない。

③ 個別方言の個別文法形式・事象についての，意味・用法の拡張過程が示せるだけの深い記述を行うこと（第 3 節，第 5.1 節）。

④ ③で行った個別文法形式・事象の記述を方言間で対照すること（第4節，第5.1節）。
⑤ ③と④の結果を，文法化のルートとして捉えること（第5.2節）。
⑥ 空間軸を利用したきめ細かな文法化の研究を行うこと（第5.3節）。
⑦ 上のような研究とさまざまな言語について行われてきた通言語的研究を統合すること（第5.4節）。

　なお，本稿では言及しなかったが（第3.3節の古典語のケリを除く），さらに，

⑧ 文献を利用した日本語史研究の成果を統合すること。

といったこともある。ケリについてはこれまで膨大な研究の蓄積があり，その意味・用法の変化のプロセスについての指摘も多い（加藤（1998: 付章），井島（2011: 第15章）のレビューなど参照）。
　ここも展望的に，文法化をめぐる，方言研究，日本語史研究，通言語的研究の3者の成果を統合することを目的として個々の研究の特徴を簡略にまとめると，表6のようになる。
　これらの3つのタイプの研究は，たがいの長所を活かしつつ，また，たがいの短所を補うことによって，さらに一段高いレベルの研究をめざすことが可能になるはずである。

表6：文法化をめぐる方言研究・日本語史研究・通言語的研究の特徴

	方言研究	日本語史研究	通言語的研究
使用データ	○連続する広い地域のデータを使用する。	○（主に）中央語の，時間軸に沿った長期にわたるデータを使用する。	○サンプリングによって，系統的・地域的に偏りのない，多様な言語のデータを使用する。
データの特徴	○詳細な意味記述に基づいた分析ができる。また，分析に不足するデータや記述はいつでも補うことができる。 ・ただし実際には個人で多くの方言を記述することがむずかしく，他者の記述に依存せざるをえない。その記述には，必要なデータがない場合がある。 ・記述者が母方言話者でない場合には，とくにモーダルな意味にかかわるところなど，内省ができないため，意味・用法の（詳細な）記述がむずかしい。	・文献に残された用例に制約されるため，意味・用法の網羅的な記述がむずかしい。 ・とくにモーダルな意味にかかわるところなど，内省ができないため，意味・用法の（詳細な）記述がむずかしい。	○詳細な意味記述に基づいた分析ができる。また，分析に不足するデータや記述はいつでも補うことができる。 ・ただし実際には個人で多くの言語を記述することがむずかしく，他者の記述に依存せざるをえない。その記述には，必要なデータがない場合がある。 ・記述者が母語話者でない場合には，とくにモーダルな意味にかかわるところなど，内省ができないため，意味・用法の（詳細な）記述がむずかしい。
分析	○言語地理学的な方法によって，実際に起こった変化を跡づける（解釈する）。 ○文法化のプロセスを，細部にわたって分析できる。	○文献国語史の方法によって，実際に起こった変化を跡づける。 ・文法化のプロセスを，ある程度細部にわたって分析できるが，資料の制約がある。 ○資料の文体差なども加味した分析ができる。	○文法化のプロセスを，多言語の大規模な共時データをもとに推定する。 ・文法化のプロセスは，大局的な傾向は把握できるが，細部にわたっての分析はむずかしい（行わない）。
結果	・個別言語の一般化にとどまる。	・個別言語の一般化にとどまる。	○より普遍性の高い特徴を見出すことができる。

（○印の項はその方法の利点を示す。）

言及文献

Bybee, Joan L., Revere Perkins, & William Pagliuca (1994) *The evolution of grammar: Tense, aspect, and modality in the languages of the world.* Chicago: University of Chicago Press.
Coates, Jennifer (1983) *The semantics of the modal auxiliaries.* London: Croom Helm.
橋本萬太郎 (1978) 『言語類型地理論』東京：弘文堂.
Haspelmath, Martin, Matthew S. Dryer, David Gil, & Bernard Comrie (2005) *The world atlas of language structures.* Oxford: Oxford University Press.
Heine, Bernd & Tania Kuteva (2002) *World lexicon of grammaticalization.* Cambridge: Cambridge University Press.
日高水穂 (2007) 『授与動詞の対照方言学的研究』東京：ひつじ書房.
井島正博 (2011) 『中古語過去・完了表現の研究』東京：ひつじ書房.
井上優 (2006) 「モダリティ」, 小林隆 (編) 『シリーズ方言学2　方言の文法』pp. 137–179. 東京：岩波書店.
加藤浩司 (1998) 『キ・ケリの研究』大阪：和泉書院.
小林隆 (2004) 『方言学的日本語史の方法』東京：ひつじ書房.
国立国語研究所 (編) (1959) 『日本方言の記述的研究』東京：秀英出版.
国立国語研究所全国方言調査委員会 (編) (2009) 『方言文法調査ガイドブック3』立川：国立国語研究所.
小柳智一 (2014) 「古代日本語研究と通言語的研究」, 定延利之 (編) 『日本語学と通言語的研究との対話—テンス・アスペクト・ムード研究を通して—』pp. 55–82. 東京：くろしお出版.
工藤真由美 (1983) 「宇和島方言のアスペクト (1)」『国文学解釈と鑑賞』48-6, pp. 101–119.
工藤真由美 (編) (2000) 『方言のアスペクト・テンス・ムード体系変化の総合的研究』(文部省科学研究費補助金 (基盤研究 (B)(1)) 研究成果報告書).
工藤真由美 (2004) 「Ⅱ　研究成果の概要—アスペクト・テンス・ムードを中心に—」, 工藤真由美 (編) 『日本語のアスペクト・テンス・ムード体系—標準語研究を超えて—』pp. 34–76. 東京：ひつじ書房.
工藤真由美 (編) (2004) 『日本語のアスペクト・テンス・ムード体系—標準語研究を超えて—』東京：ひつじ書房.
工藤真由美 (2006) 「アスペクト・テンス」, 小林隆 (編) 『シリーズ方言学2　方言の文法』pp. 93–136. 東京：岩波書店.
工藤真由美・八亀裕美 (2008) 『複数の日本語　方言からはじめる言語学』東京：講談社選書メチエ.
中田敏夫 (1979) 「静岡県焼津市方言の過去表現」『日本語研究』2, pp. 122–129. 東京都立大学国語学研究室.
大西拓一郎 (編) (2002) 『方言文法調査ガイドブック1』立川：国立国語研究所 [http://

www2.ninjal.ac.jp/takoni/DGG/DGG_index.htm（2012.6.2 アクセス）］.
大西拓一郎（編）（2006）『方言文法調査ガイドブック 2』立川：国立国語研究所.
真田信治（編）（2006）『社会言語学の展望』東京：くろしお出版.
柴田武（1969）『言語地理学の方法』東京：筑摩書房.
渋谷勝己（1993）「日本語可能表現の諸相と発展」『大阪大学文学部紀要』33-1, pp. 1–262.
渋谷勝己（1994）「鶴岡方言のテンスとアスペクト」, 国立国語研究所（編）『鶴岡方言の記述的研究—第 3 次鶴岡調査 報告 1—』pp. 237–266. 東京：秀英出版.
渋谷勝己（1999a）「山形市方言の文末詞ハ」『阪大社会言語学研究ノート』1, pp. 6–15.
渋谷勝己（1999b）「文末詞『ケ』—三つの体系における対照研究—」『近代語研究第十集』pp. 205–230.
渋谷勝己（2001）「［書評］国立国語研究所（編）『方言文法全国地図 4』」『国語学』52-4, pp. 34–41.
渋谷勝己（2004）「山形市方言の文末詞バ—ヨと対比して—」『阪大社会言語学研究ノート』6, pp. 170–180.
新村出（1971［1901］）「語学涓滴」『新村出全集（一）』pp. 217–223. 東京：筑摩書房.
竹田晃子（2004）「山形市方言におけるテンス・アスペクトと文末形式ケ」『国語学研究』43, pp. 319–307. 東北大学大学院文学研究科『国語学研究』刊行会.
山口幸洋（1968）「静岡県方言の過去表現について」『国語学』75, pp. 63–74.

第3章

渋谷論文へのコメント

アンドレイ・マルチュコフ

　渋谷論文は，日本語の諸方言において動詞などにつくケに関する，ムード的意味と時間的意味の相互作用を扱った，大変深くおもしろい論文だと感じました。ケの意味は，動態的か静態的かという述語のタイプによっても異なるけれども，何よりも地域によって異なるということがよくわかりました。

　全体的に，方言学を文法化の研究や類型論と結びつけようとする渋谷さんのお考えを支持したいと思います。そのことに関連する本が最近出ましたのでご紹介しておきます。

Bernd Kortmann（ed.）（2004）*Dialectology meets typology: Dialect grammar from a cross-linguistic perspective*（Trends in Linguistics）. Berlin; New York: Mouton.

　個別的には，質問やコメントをさせていただきたいことがたくさんありますが，ここでは6点だけ取り上げます。

1. 用語について

　「思い出し」や「報告」といった意味をどう分類するかという根本問題は（よくご存じのように）むずかしいものだと思います。私はこの問題について，ときには，用語（の名前）が研究者を誤った方向に走らせることもあり

うると感じています。

　たとえば，「報告」(reportative) という用語は，しばしば「伝聞」(hearsay) と同義で用いられることがあります。この論文では，「報告」は「伝聞」とは明らかに異なった意味で使われていますが，渋谷論文にあげられた例から判断すると，渋谷論文でいう「報告」は，私ならむしろ "confirmative" とか "assertive" などと呼ぶかもしれません。しかし，これは文脈を誤解しているのかもしれません。ここで用いられている用語には，モダリティやエビデンシャリティの領域のものもあり，談話標識や小辞の領域のものもあるように感じています。後者について，とくにドイツ語やロシア語のように小辞をもつ言語に関しては膨大な文献があり（たとえば Fischer (ed.) 2005 など），それらのなかには役に立つものがあるかもしれません。

　次に，ケの意味・用法に関して，4点質問させていただきます。

2. ケのエビデンシャルな用法について

　まず，山形市方言におけるケのエビデンシャルな用法（第3.2節）について，ケは，例 (25) のように，スルと結びついて直接的エビデンシャル（「進行中の姿の報告」）を表すということですが，シタと結びついて「終了したことの報告」を表すというのは，直接的エビデンシャルなのでしょうか。つまり当該のデキゴトは直接観察されたのでしょうか。それとも，間接的エビデンシャル，つまり当該のデキゴト自体は直接観察されておらず，デキゴトの結果が観察されているのでしょうか。われわれは，Sadanobu and Malchukov (2011) において，動詞の行為性に関する「アスペクト－エビデンシャルのねじれ」を論じたことがありますが，同じ種類のねじれがケに生じていないか，知りたく思った次第です。

3. ケの用法と文脈

次に，第3.2節で，渋谷さんは，山形市方言のケが述語や文脈に応じて多様な意味をもつ様子をつぶさに記述されました。これに続く研究のなかでは，それぞれの述語や文脈と結びついたケがさらに具体的にどの意味になるのかが問題になってくるのではないかと思います。ご論文のなかでも，ケと動態的／静態的な述語との結びつきは記述されていますが，そのようなアスペクト的な文脈を特定するだけでなく，ケと「情緒的」なマーカー「なあ」（例35a），「のに」（例44a）などとの組み合わせといった，もっと他の文脈も特定して，その特定された文脈に応じたケの意味を具体的に示すということが今後期待されるのではないかと思います。頻繁に実現する組み合わせが特定の意味を担うよう特化しているということはないでしょうか。第3.2.2節の (a) ②-1 から②-3 にかけて，これまでとは違った組み合わせが論じられていますが，これらもいまの観点からさらに詳しく調査する価値があると思います。

4. 文法化のルートについて

3つめの質問は，文法化のルートという一般的な問題についてです。

方言によっては（たとえば山形市方言），ケは過去を表す真性のテンスマーカーになっていて，渋谷さんは「回想＞報告（エビデンシャル）＞過去」というルートを提案されています。この提案は一般的な立場からしてもとても説得的でおもしろいと感じています。とくにおもしろいと思うのは，文献で言われている文法化の経路の反対になっていることです。E. C. トラウゴットによる，よく知られている考えによれば，文法化によってマーカーは（間）主観性の度合いを強め，つまり命題に対する話し手の主観的な信念や態度に基づくようになります（Traugott 1995 など）。この考えからすれば，シナリオは時間的用法からエビデンシャルな用法へとなるはずですが，実際には日

本語は方言によっては明らかにその逆になるというところがおもしろいと思います。この矛盾に関して私が提案したいのは，日本語のテンスマーキングは，（相対的に言って）義務的で，規則的な屈折カテゴリーを思わせるので，日本語のテンスはムードよりも文法化されていると考えられるのではないかということです。この考えは議論の余地があると思っていますが，もしもこれが正しければ，日本語のように，テンスが義務的な動詞のカテゴリーである一方で，モダリティが（ロシア語やドイツ語のようなヨーロッパ諸言語の談話標識のように）発語内の／エビデンシャルな／モーダルなマーカーによって（任意的に）表される言語においては，ある語句が文法化されて出現頻度が増すと，その語句はテンスに引き込まれて時間的な意味をもつようになると考えられるのかもしれません。それと，もうひとつ考えられる説明は，いま私が提案した最初の説明とも両立可能ですが，（東京方言のような）他の方言のように，ケが頻繁にタと結びついて現れているうちに，そのシンタグマティックな文脈からケが過去の意味を受け継いだという説明です。ケの変遷に関係するかもしれないこれら2つの要因について，渋谷さんのお考えをお聞かせいただければ大変ありがたいです。

5. 含意の関係について

　ケについての最後の質問は，第4節の表4に関するものです。この表は諸方言の概観をわかりやすく示してくれているもので，述語や，（ヨとの下接可能性などの）統語的特性に応じたケの意味が非常にわかりやすくまとめられています。この表からさらに気づかされるのは，方言によって，ケが使われない場合（「-」印）があるということですが，これは，ケが，ある特性をもてば他の特性をもつことも予測できるという含意の関係が示唆されているのでしょうか。

6. 方言研究と通言語的研究の関係について

　渋谷論文では，第 5 節で，方言研究と通言語的研究の関係が論じられていますが，私も，方言研究と通言語的研究は本質的にそう変わらず，問題意識と手法を基本的に共有していると考えています。とくに，類型論的な研究で使用されるアンケートも，やはり，特定の形式について，(それが，言語であれ方言であれ，他の共同体でも使われているなら) それがどのような用法をもつか調べるというやり方を採用していますので，よく似ていると思います。この点からして，図 3 は，(さまざまな言語に通用するよう質問の意味を調整する必要はありますが) 類型論研究的な，小さなアンケートと呼べるものです。

　もちろん，類型論はさまざまな言語を見ようとしているので，方言研究とくらべて見渡せる範囲がより広く，ある種の文法化がたどる経路の頻度などについても，よりよくわかっているといえるかもしれません。しかし，その一方で，方言研究は言語の史的研究に使えるという利点をもっています。類型論は系統的にも地域的にも偏りがないよう，バランスよく抽出されたサンプル言語に基づいているので，それはできません。しかし基本的には，いま述べたように，類型論的研究と方言研究は，さまざまなことばづかいの比較対照にかかわっている，基本的に同じ種類の研究だと考えています。

　さて，最後に申し上げたいのは，類型論であれ方言研究であれ，比較に基づく研究が非常に微妙な意味の違いを扱うことになり，むずかしくなるのは，まさにエビデンシャル／モーダルなマーカーを研究する場合だということです。たとえば，今回のご論文で考察されたさまざまな用法を抽出するには，(これらのマーカーの意味にはより広い文脈のなかではじめてそれとわかるようなさまざまな含意や前提がかかわっているので) 文脈をつけたアンケートを用いる必要があります。そのようなアンケート調査がなされることもときにはありますが (たとえばアスペクト−テンスにかかわる諸形式についての Dahl (1985) のアンケート調査には文脈がついていました)，エビデン

シャル／モーダルな領域ではこうしたアンケート調査は大変むずかしいということがわかっています。ヨーロッパの各言語の談話標識の研究は大変多いけれども，通言語的視野に立った小辞の研究はほとんどないということに，このことが現れています。

しかしながら私は今回渋谷さんのご論文を拝読して，この難事も最終的には成し遂げられるのだという，とても明るいきもちになりました。どうもありがとうございます。

言及文献

Dahl, Östen (1985) *Tense and aspect systems*. Oxford: Basil Blackwell.

Fischer, Kirsten (ed.) (2005) *Approaches to discourse particles*. London: Elsevier Ltd.

Sadanobu, Toshiyuki & Andrej Malchukov (2011) Evidential extensions of aspecto-temporal forms in Japanese from a typological perspective. In: Tanja Mortelmans, Jesse Mortelmans, & Walter De Mulder (eds.) *In the mood for mood* (*Cahiers Chronos 23*), pp. 141–158. Amsterdam; New York: Rodopi.

Traugott, Elizabeth C. (1995) Subjectification in grammaticalization. In: Dieter Stein & Susan Wright (eds.) *Subjectivity and subjectivization*, pp. 31–54. Cambridge: Cambridge University Press.

第3章
マルチュコフ氏への返答

渋谷勝己

有益なコメントを，ありがとうございます。
　以下，必ずしも十分にお答えできるだけの用意がないものもありますが，現時点でお答えできそうなところを申し上げたいと思います（以下の節番号は，マルチュコフさんの質問・コメント番号に対応しています）。

1. 用語について

　「報告」と「伝聞」という用語については，ご指摘のようにまったく異なったものとして使用しています。「報告」は話し手の直接情報，「伝聞」は間接情報です。ただし，両者は，例 (33) にあげたように共起することがあり，その場合には，他者が得た直接情報をその他者から聞いたものとして，その情報にコミットして誰かに伝えるという文になります。
　山形市方言の場合，ケのほかに，次のような場合に使用される文末詞ズ（＜トイウ。共通語のッテ（バ）に相当）などがあります。
- 話し手の意見・考えはすでに確定している
- 話し手は，聞き手も（一度は）それを認識したはずだと思っている
- しかし実際はそう思っていない／しようとしない聞き手に，そう思わせる／させる（押し付ける・訴えかける）ことをもくろむ

このズについても，confirmative や assertive といった用語を適用することができそうで，おっしゃるように，複数の文末詞（終助詞）の表す意味に適切な用語（ラベル）を与えて区別することには，なかなかむずかしいものがあります（ちなみに山形市方言には，ケ，ズのほかにも，10を超える文末詞があります）。また，文末詞が担う意味を具体的に説明する際に使われる，「情報」や「話し手／聞き手の知識，確信，思い込み」などのことばについても，これまで，各地の方言の文末詞を記述するという作業を行ってきたなかで，井上さんをはじめとして多くの方々と議論してきたところですが，その統一はもちろんのこと，諸研究で使用された用語の整理もできていないというのが現状です。

日本語の方言や古典語の研究においては，これまで，文末詞は「強調」あるいは「詠嘆」を表すとすることが多かったのですが，そうすると，「強調」や「詠嘆」を表す文末詞が3つも4つも出てくることになり，これでは個々の文末詞を記述したことにはなりません。

私の場合，以上のような混乱を避けるべく，何らかの用語（ラベル）を個別の文末詞（の個々の意味・用法）に付与するのではなく，できるだけ解説的に記述することを行ってきました。たとえば，山形市方言にはバという文末詞がありますが，これには，

○バが下接する文が表す情報は，①話し手が意外性をもって見出した／認識したもので，②（話し手にとっては驚きなのだから）聞き手にとってもおそらく，聞き手の想定にはない／聞き手の想定とは異なる，聞き手が驚くにちがいない情報である。

といった説明をつけています。この説明だと mirative のように思われますが，（当然のことながら）DeLancey (1997) などがあげる mirative の用法とは重ならないところもあり，性急に mirative と呼ぶことを控えたものです。

2. ケのエビデンシャルな用法について

　本文中での説明が十分でなかったかもしれませんが，スルケ，シタケともに，基本的には直接エビデンシャルを表す形式です。

　たとえば「宿題をする」という動きを例にすれば，「宿題スルケ」は通常，アスペクト的に宿題をするという動きが進行中（未完了）であることを観察して報告するのに対して，「宿題シタケ」は，宿題に着手したこと（現在，動きが進行中であることになりますが，宿題にとりかかったという側面を取り出すものです），あるいは宿題が最後まで完了したことを見届けて報告するという違いがあります。

　シタケについては，宿題をしている姿（進行中の姿）を見ずに，たとえば当人がすでに遊びに行ってしまった後で，宿題が終わっているかどうかをノートなどを見て確認して報告するという場合にも使用できそうですが，このような痕跡を見ての報告ということが基本なのではなく，基本はやはり，報告者が「宿題をする」という動きを実際に見届けている場合です。宿題をしている姿を見ていない場合には，次のように，「宿題シッタケ（＜シテイタ（結果の残存）＋ケ（報告））」を使用するのがふつうです。

　母親：太郎，ちゃんと宿題をやってから遊びに行ったか，ノートを見てき
　　　　てちょうだい
　姉　：（見てきて）宿題ちゃんとシッタケよ

　したがって，ケについては，「アスペクト－エビデンシャルのねじれ」が生じているとはいえないかと思います。

　私がマルチュコフさんのこのコメントからあらためて認識したことは，山形市方言だけに注目して記述を行っていては，やはり，通言語的研究に資するだけの情報を十分には盛り込めない可能性があるということです。マルチュコフさんのコメント6の（汎用性のある）アンケートということと関連

して，一言語あるいは一方言の記述を行う場合でも，通言語的な研究の達成点を踏まえつつ，通言語的研究が求めそうな情報をできるだけたくさん記述に盛り込んでおくことが必要だと思いました。

3. ケの用法と文脈

ご指摘ありがとうございます。

山形市方言では（あるいは他の方言においても），ケについては（ここも広く文末詞一般といってもよいのかもしれませんが），文脈によってさまざまなニュアンスを帯びるために，その用法の記述がむずかしいところです。用法の認定にあたっては，ご指摘のように，むしろ「なあ」や「のに」のような共起形式に頼っているところもあります。

山形市方言のケについては，いまのところ，第 3.2.2 節の (a) ②にあげたようなものしか整理できていませんが，ここは今後拡張して，ケの意味マップを完成させたいと思っています。

4. 文法化のルートについて

有益なご提案を，ありがとうございます。

日本語全般における，古典語から現代語にいたるまでのケ（リ）の文法化のルートは，第 3.3 節などにも述べましたように，「完了＞過去＞回想（記憶の検索）」というもので，トラウゴットの一般化に沿うものだと思います。しかし，山形市方言など一部の方言においては，一部の文法的な条件下（状態用言）において，「回想もしくは報告（エビデンシャル）＞過去」という，この一般的な流れとは逆の流れが生じているということです。

山形市方言において，このような逆の流れが生じたことには，本文中（第 3.2 節 (b)）にも述べましたように，「思い出しや報告が描き出す事態の多くが過去に目にした／認識した事態であるということがかかわっている」かと

思われます（マルチュコフさんの２つめのご提案のように，ケがタと共起するなかでケが過去の意味を担うようになったとは，いまのところ考えてはおりません）。ケが後接する文においては，動き動詞は，ル形とタ形を未完了か完了かというアスペクト的な対立を表すものとして維持しましたが，状態用言の場合には未完了と完了の対立がないために，ケの前ではル形・基本形とタ形の対立が余剰になる。その結果，前接形式を無標のル形・基本形に統一して，ケが思い出し・報告・過去の３つの意味を不分明なかたちで担うことになったとする考え方です。このとき，当該方言においては，モダリティを表す形式をテンスマーカーに「引き込んだ」ということになりますが，ここには，マルチュコフさんがおっしゃる，「日本語のテンスはムードよりも文法化されている（義務化されている）」ということがかかわっているのかもしれません。ちなみに，先にも述べましたように，山形市方言には，ケのほかにも10を超える文末詞があって，さまざまなモダリティ（話し手の伝達態度）を表します。マルチュコフさんのコメントをヒントにして考えれば，これらの文末詞は，着脱自由，オプショナルな様式で，それに先行する文にいわば「ゆるく」結びついていると考えるべきなのかもしれません。

　なお，上のような考え方では，まだ，山形市方言においては，過去を表すのに，なぜタを捨ててケを採用したか，ということが説明できていません。このことに対しては私もまだ答えを用意できているわけではありませんが，ひとつの可能性としては，この方言の形態論的タイプが，全体的に，分析的なところに向かっているということがかかわっているように思っています。この方言では，「読ム＋イ」（可能），「（お金を）貸シテクレル＋ト（ヤル）（貸してくれたらやる）」（条件表現）のように，ときに共通語にはない，活用語の終止形をベースにした表現が多用されています。

5. 含意の関係について

　現段階では，各方言における個々の用法の有無を予測するような，強力な

含意スケールにはなっていませんが、めざすところはご指摘のとおり含意スケールです。それがひとつのスケールに収束するのか、それとも複数のスケールが設定されるべきなのかまだわかりませんが（表4は、スケールがひとつであるとの前提で描いています）、それぞれの方言を貫いて、文法化の一定のルートが見出される可能性を示唆する道具として描き出したものです。

現時点では、まだ取り上げた地点数が少ないことや、各地点の記述が十分でないこと、また、各方言のケの意味・用法がそもそも同じ枠組みで整理できるのかどうかもわからないことなどの問題があって、今回は、今後の研究のとるべき方向を試行的に描き出してみるというかたちで提示しました。

なお、この対照表には地理的な情報は加味されていませんが、これらの意味・用法を地図上にプロットしていけば、図5のようになります。東京のケがもっとも文法化が進んで真性モダリティ形式化している一方で、その周辺部、とくに静岡などではテンス的意味をも担っているという図式です。東京のケに向かって、北と西から徐々にテンス的要素を失っていく図（周圏分布となる）が描ければ、理想的な空間的含意スケールとなるのですが、小林隆さんが記述された種子島のケルをどう位置づけるかなどの問題もあり、その最終版を作成できるのは、まだまだ先のことです。

6. 方言研究と通言語的研究の関係について

コメント6は、まさに「我が意を得たり」という感じで拝読しました。

とくに、おっしゃるエビデンシャル／モーダルな領域、日本語の文法研究の用語では伝達的なモダリティを表す文末詞については、通言語的・通方言的研究はもちろん、古典語や方言の記述においても、「強調」や「詠嘆」といった意味記述のほかはほとんど記載がないところです。

このような状況を承けて、私の場合、方言文末詞の類型論的、言語地理学的研究を夢見つつ、自身の母方言である山形市方言の文末詞研究から着手し

ました。しかし，その後，対象となる方言の多さや，マルチュコフさんのご指摘にもあるような他方言の文末詞の記述のむずかしさなどが具体的に認識され，このような研究をひとりで進めることは不可能と判断して，若い研究者を巻き込んで，まずは各地点の文末詞の記述を推進する方向に転換しました（そのこれまでの成果は，主に，『阪大社会言語学研究ノート』（http://ir.library.osaka-u.ac.jp/web/SLN/index.html）に掲載されています）。

　エビデンシャル／モーダルな領域を対象とした類型論的研究や言語地理学的研究は，われわれの世代では完成しなくとも，われわれの残す記述をベースにして，次の世代で誰かが何かをやってくれるだろうと期待しています。

言及文献

DeLancey, Scott (1997) Mirativity: The grammatical marking of unexpected information. *Linguistic Typology* 1, pp. 33–52.

第3章

再コメント

アンドレイ・マルチュコフ

　渋谷さんから寄せられたご返答のうち，とくに先のコメント2について，再びコメントさせていただきます。

　ケが現在の意味と結びつけば宿題をしている進行中の動作のエビデンシャルで，過去の意味と結びつけば完了したことのエビデンシャルである，両方のケースいずれにおいても意味は直接エビデンシャルと考えられると渋谷さんが提案されているのは興味深いです。この事象は理解できます。
　一方，たとえばトルコ語の -miş のパーフェクトが，過去の意味と結びついて，答えが記されているノートを見て報告する場合に使用されるように，言語によっては，シタケと似た形式が，動作それ自体ではなく結果しか見ていないという間接エビデンシャルを表す場合があります。
　「ジョンは行ってしまった」(John is gone)ということが「ジョンはここにおらず，私は彼が行くところを見ていない」ということを意味するように，ある意味では，結果の目撃と動作の目撃は，選言的な関係にあるのではないかと思った次第でした（そう考えなければならない必然性はないかもしれませんが。）

　今後，渋谷さんに続く研究者が輩出され，この分野の研究がさらに進展す

ることを期待したいと思います。

第 4 章

対照研究と
通言語的研究との対話

井上優, アンドレイ・マルチュコフ

第4章
対照研究と通言語的研究

井上優

1. はじめに

　複数の言語を比較対照して考える研究には，世界の言語を広く見渡して比較対照する研究と，少数の言語（典型的には二言語）に対象をしぼって比較対照する研究とがある。ここでは便宜的に，前者を「通言語的研究」，後者を「対照研究」と呼ぶ。

　本稿では，対照研究と通言語的研究の関係を整理したうえで（第2節），筆者がおこなった，テンス・アスペクトとその関連現象に関する日本語と韓国語，日本語と中国語の対照研究の内容を紹介し（第3・4節），対照研究が通言語的研究に対して，言語の普遍性と多様性について考えるための観点を提供する役割を担っていることを述べる（第5節）。

2. 対照研究と通言語的研究の関係
2.1 「言語横断的」志向性と「現象横断的」志向性

　ある言語現象に関する研究で得られた知見をより広い視野のもとで相対化する場合，「言語横断的」「現象横断的」という二つの志向性がありうる。
　「言語横断的」な志向性とは，同じ現象について他の言語（他の時代，他の方言）に視野を広げる志向性である。人間の言語は多様であり，時代により変化もするが，その多様性や変化は無秩序なものではない。そのような見

方のもとで，ある現象の多様性や変化に内在する秩序について考える研究は，研究分野や研究方法に関係なく，言語横断的な志向性を持つ。

「テンス・アスペクト・ムード」「他動性」「所有」「証拠性」といった特定の現象を取り上げ，その普遍性と多様性について考える通言語的研究は，言語横断的な研究の典型である。本論文集所収の小柳（2014）と渋谷（2014）も，テンス・アスペクト・ムードに関する日本語内部の変異や変化の様相について考える言語横断的な研究である（史的研究は言語縦断的と言うべきだろうが，次に述べる第二の志向性と対比するために，ここでは言語横断的としておく）。

これに対し，「現象横断的」な志向性とは，同じ言語の他の現象に視野を広げる志向性である。ある言語のある現象は，それだけで独立して存在するものではなく，その言語の他のいくつかの現象とともに，より一般的な（より上位のレベルの）現象の中で位置づけられるものである。そのような一段上位の視点からある言語の複数の現象を関連づけて考える研究は，やはり研究分野や研究方法に関係なく，現象横断的な志向性を持つと言える。

対照研究は，複数の言語を視野に入れる点は言語横断的だが，研究の展開にともない，各個別言語の基本的特質を決定する（各言語の諸現象を背後から支えている）パラメータについて考える現象横断的な対照研究に発展することが多い。言語間の相違の中には，それぞれの言語が持つ基本的性質の相違に起因すると見られるものが少なくないからである。むしろ，比較対照によりそれぞれの言語の重要な特徴が明確になるため，個別言語研究よりも対照研究のほうが現象横断的な志向性が強くなる面がある。「スル的言語／ナル的言語」「客観的事態把握／主観的事態把握」という観点から英語と日本語の種々の相違を説明する池上（1982, 2003, 2004），「結果重視／動き重視」という観点からやはり英語と日本語の種々の相違を説明する影山（1996），「名詞志向構造／動詞志向構造」という観点から日本語と韓国語の構造的特徴をとらえる金（2003）は，そのような対照研究の例である（池上（2000）の「〈一般化志向的〉類型論」，「〈分類志向的〉類型論」，「〈個別言語志向的〉類型論」に関する議論も参照のこと）。

2.2 個別言語研究，対照研究，通言語的研究の関係

「言語横断的」「現象横断的」ということを軸にして，個別言語研究，対照研究，通言語的研究の関係を整理すると，次の（1）のようになる（「現象 α⁺」は「現象 α を含むより上位の現象」を表す）。

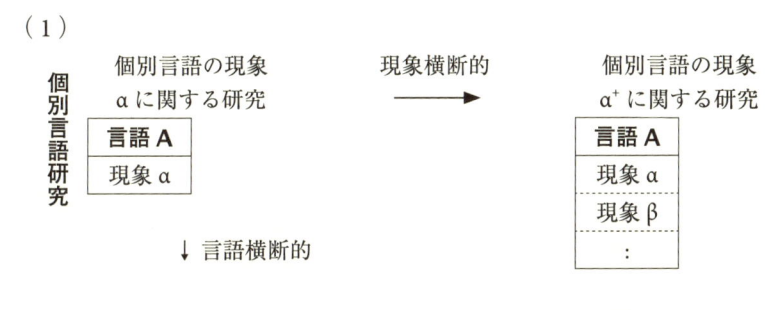

（1）

個別言語研究

個別言語の現象 α に関する研究
言語 A
現象 α

現象横断的 →

個別言語の現象 α⁺ に関する研究
言語 A
現象 α
現象 β
:

↓ 言語横断的

対照研究

現象 α に関する二言語の対照研究
言語 A	言語 B
現象 α	現象 α

現象横断的 →

現象 α⁺ に関する二言語の対照研究
言語 A	言語 B
現象 α	現象 α
現象 β	現象 β
:	:

↓ 言語横断的

通言語的研究

現象 α に関する通言語的研究
言語 A	言語 B	言語 C	…
現象 α	現象 α	現象 α	…

（1）に示したそれぞれの関係について，具体例をもとに考えてみよう。日本語の過去形「タ」には「発見」と呼ばれる用法がある。

（2）（電話帳で井上の名前を探している）
　　　ええと，井上，井上…。あった！

「タ」の発見用法に関する研究では，何かを発見した時に「タ」が用いられる文脈的条件などが問題にされる。そして，そこで得られた知見をふまえて，「タ」の他の用法も視野に入れて，「『タ』の意味（の広がり）」というより一般的な現象について考えることになる。これは現象横断的な展開である。

一方，日本語以外の言語に視野を広げると，韓国語の過去形「-ess-」（Yale 式ローマ字表記）にも「発見」と呼ばれる用法がある。これを「タ」の発見用法と比較対照する（第 3.1 節）のは，言語横断的な展開である。

（3）（探しても見つからなかった傘が予想外の場所で偶然見つかった）
　　　 a! yeki　iss-ess-ney.
　　　 あ ここに　ある - た - 感嘆　　　　　　　（伊藤 1990: 43，文脈追加）

過去形の発見用法に関する日本語と韓国語の対照研究からは，二つの研究の展開がありうる。一つは，発見用法以外の用法も視野に入れて，「過去形の意味（の広がり）」というより一般的な現象について，日本語と韓国語の対照研究をおこなう現象横断的な展開である。もう一つは，日本語と韓国語以外の言語，たとえばフランス語の半過去形（過去のある時点に視点を置いて状況を述べる過去形）が発見の文脈で用いられる用法（例 4）なども視野に入れて，過去形の発見用法に関する通言語的研究をおこなう言語横断的な展開である。

（4）Ah! tu　étais la!（なんだ，いたのか。）
　　　 きみ いた ここ　　　　　　　　　　　　　（春木 1993: 163）

以上の研究の展開は，次の（5）のようにまとめられる。

(5)

```
┌─────────────────┐    現象横断的    ┌─────────────────┐
│ 日本語の過去形の │ ───────────→  │ 日本語の過去形の │
│ 発見用法に関する研究 │              │ 意味に関する研究 │
└─────────────────┘                  └─────────────────┘
    ↓ 言語横断的
┌─────────────────┐    現象横断的    ┌─────────────────┐
│ 過去形の発見用法に関する │ ───────→ │ 過去形の意味に関する │
│ 日本語と韓国語の対照研究 │          │ 日本語と韓国語の対照研究 │
└─────────────────┘                  └─────────────────┘
    ↓ 言語横断的
┌─────────────────┐
│ 過去形の発見用法に │
│ 関する通言語的研究 │
└─────────────────┘
```

　現象のレベルを一段階上げて，「日本語の過去形の意味（の広がり）」を出発点とした場合は，次のような展開になる（「TAM」は「テンス・アスペクト・ムード」を指す）。

(6)

```
┌─────────────────┐    現象横断的    ┌─────────────────┐
│ 日本語の過去形の │ ───────────→  │ 過去形を含む日本語の │
│ 意味に関する研究 │                │ TAMに関する研究 │
└─────────────────┘                  └─────────────────┘
    ↓ 言語横断的
┌─────────────────┐    現象横断的    ┌─────────────────┐
│ 過去形の意味に関する │ ─────────→  │ 過去形を含むTAMに関する │
│ 日本語と韓国語の対照研究 │          │ 日本語と韓国語の対照研究 │
└─────────────────┘                  └─────────────────┘
    ↓ 言語横断的
┌─────────────────┐
│ 過去形の意味に │
│ 関する通言語的研究 │
└─────────────────┘
```

　現象のレベルをさらに一段階上げて，「日本語のテンス・アスペクト・ムード」を出発点とした場合は，次のような展開になる。

(7)

```
┌─────────────────┐   現象横断的   ┌─────────────────────┐
│ 日本語の TAM に  │ ───────────→ │ TAM を含む諸現象を   │
│ 関する研究       │               │ 支える日本語の特質   │
└─────────────────┘               │ に関する研究         │
                                  └─────────────────────┘
    ↓ 言語横断的
┌─────────────────┐   現象横断的   ┌─────────────────────┐
│ TAM に関する日本語と │ ────────→ │ TAM を含む諸現象を   │
│ 韓国語の対照研究    │            │ 支える特質に関する   │
└─────────────────┘               │ 日本語と韓国語の対照研究 │
                                  └─────────────────────┘
    ↓ 言語横断的
┌─────────────────┐
│ TAM に関する通言語的研究 │
└─────────────────┘
```

　先に述べたように，対照研究は，比較対照する各言語の基本的特質を決定するパラメータについて考える現象横断的な対照研究に発展することが多い。本稿第3節，第4節で述べるのも，「テンス・アスペクトに関する対照研究」から「テンス・アスペクトを含む諸現象を支える特質に関する対照研究」への展開である。

　第3節では，日本語と韓国語のテンス・アスペクトの種々の相違が「動的叙述性の強弱」に由来すること，また，動的叙述性の強弱がテンス・アスペクト以外の日本語と韓国語の相違とも関係していることを述べる。

　第4節では，日本語と中国語のアスペクトの基本的性格の違いが「文法カテゴリーとしてのテンスの有無」に起因すること，そして，日本語と中国語の間の種々の相違がテンスの有無と関連づけて説明できることを述べる。

2.3　本稿のスタンス

　筆者は，通言語的研究に関心はあるが，通言語的研究の文脈の中で対照研究をおこなっているわけではない。比較対照する言語も，日本語と韓国語，日本語と中国語という組み合わせに限られる。これには二つの理由がある。

　第一に，筆者にとって，日本語・韓国語・中国語は，他の言語よりも具体

的な情報が得やすい。筆者の研究においては，文法形式の使用に関わる文脈的要因や文脈の中で生ずるニュアンスを具体的にとらえることが重要な位置を占める。そのような部分に文法形式の重要な意味特徴が反映されることが多いからである。テンス・アスペクトについて研究する場合も，各言語のテンス・アスペクト形式の使い方やニュアンス，先行研究の記述について，複数の母語話者と検討することが不可欠である。筆者の場合，それが可能なのは日本語（自分の母語）と韓国語・中国語（研究仲間に母語話者が多い）に限られるため，直接の研究対象もこの三言語に限られる。

　第二に，言語の普遍性と多様性という大きなテーマについて考える前に，ある言語の文法を一つの統一体として見たいということがある。ある現象に見られる二言語間の類似と相違を詳細に観察し，シンプルな形で一般化する作業を種々の現象について積み重ね，各言語の文法のあり方を決定するパラメータについて考える。それは結果的に，言語の普遍性と多様性について考えるための観点の発見につながる。また，そのような作業を「日本語と韓国語」，「日本語と中国語」という異なる言語の組み合わせでおこなうことは，言語の普遍性と多様性について考えるための観点を豊かにすることにつながる。これが筆者の基本的な立場であり，対照研究と通言語的研究の関係のあり方も，このようなスタンスのもとで考えることになる。

　以下では，テンス・アスペクトとその関連現象に関する日本語と韓国語，日本語と中国語の対照研究を例に，対照研究がどのような形で言語の普遍性と多様性について考えるための観点の発見につながるかを見ていく。

3. 日本語と韓国語の対照研究―動的叙述性と文法―

　筆者がおこなった，テンス・アスペクトおよびその関連現象に関する日本語と韓国語の対照研究は，ほぼ先の（5），（6），（7）の図に示したような形で展開した。以下，過去形の発見用法を出発点として，具体的に見ていく。（第3節の内容は井上（2012b），井上・生越（1997），井上・生越・木村

(2002) にもとづく。)

3.1　過去形の発見用法に関する日本語と韓国語の対照研究

　先に述べたように，日本語の過去形「タ」，韓国語の過去形「-ess-」には，ともに「発見」と呼ばれる用法がある。

　（8）（=2）（電話帳で井上の名前を探している）
　　　　ええと，井上，井上…。あった！
　（9）（=3）（探しても見つからなかった傘が予想外の場所で偶然見つかった）
　　　　a!　yeki　iss-ess-ney.（あ，ここにあったのか。）
　　　　あ　ここに　ある - た - 感嘆

　日本語研究，韓国語研究のそれぞれにおいて，（8），（9）のような過去形の用法を「発見」用法と呼ぶことはあってよい。日本語，韓国語それぞれの中で，これらの用法が過去形の他の用法と区別がつけばよいからである。
　しかし，その一方で，「タ」の発見用法と「-ess-」の発見用法を比べると，両者の具体的な意味内容が異なることがわかる（井上・生越 1997）。
　まず，日本語文（8）が表すのは，「見たらあった！（＝あるのが見えた！）」という，文字通り「発見」の気持ちである。韓国語の「-ess-」はこのような意味で用いることはできない（「#」は当該文脈での使用が不自然なことを表す）。

　（10）（電話帳で井上の名前を探している）
　　　a.　ええと，井上，井上…。あった！
　　　b.　　　　　　　　　　　iss-ta ／ # iss-ess-ta.
　　　　　　　　　　　　　　　ある　　　あった

（井上・生越・木村 2002: 128）

韓国語文（9）が表すのは，「あるのが見えた！」という気持ちではなく，「本当はここにあった（今までの認識は誤りだった）」，あるいは「やはりここにあった（今までの認識は正しかった）」という気持ちである。発見の場面での発話であっても，文の意味は「発見」というよりは「過去の認識の更新」というほうが実体に近い。「Ah! tu *étais* la!」（なんだ，（本当は）ここにいたのか：例4）のようなフランス語の半過去形の用法も過去の認識の更新を表す。

このように，過去形の発見用法には，少なくとも，①文字通り「発見」の気持ちを表すものと，②「過去の認識の更新」を表すものがある。「過去形の発見用法」の対照研究により，「過去形の発見用法」という名で呼ばれている現象について通言語的に観察するための観点を見出すことができるのである。

また，ここでの観察をふまえると，過去形の発見用法に関する説明は，

(11) 過去形には「発見」の用法がある。これはどういうことか？

という問題設定ではなく，

(12) 過去形の発見用法には，（少なくとも）文字通り「発見」の気持ちを表す場合と「過去の認識の更新」を表す場合がある。これらはそれぞれどういうメカニズムが背景にあるのか？

という問題設定のもとで考えるべきであることがわかる。対照研究は，個別言語に関する正確な情報を提供し，考察を正しい方向に導くという役割も担っているのである。

3.2　過去形の意味に関する日本語と韓国語の対照研究

第3.1節で述べた日本語と韓国語の過去形の発見用法の相違は，日本語と

韓国語のテンスに関する一般的な相違の中で位置づけられるものである。

日本語の「タ」と韓国語の「-ess-」の用法の基本的な部分はよく似ている。まず，「シタ」「hayss-ta」（シタ）は，いずれも鈴木 (1979) の言う「現在からきりはなされた過去」（例13），「現在と結びついた過去」（例14）を表すことができる（「まだ来ていない」が「an wass-ta」（否定＋来た）となることについては後述）。

(13) a. 昨日田中さん来た？　いや，来なかった。
　　 b. ecey, tanakha-ssi wass-e? ani, an wass-e.
　　　　 昨日　田中氏　　　来た　　いや 否定　来た

(14) a. 田中さん（もう）来た？　いや，まだ来ていない。
　　 b. tanakha-ssi wass-e? ani, acik an wass-e.
　　　　 田中氏　　　来た　　いや まだ 否定 来た

　　　　　　　　　　　　　　　　　（井上・生越・木村 2002: 107）

変化完結の直後に，変化動詞の過去形が使える点も同じである。

(15) （電話に出て）
　　 a. はい，お電話かわりました。
　　 b. ey, cenhwa pakkwess-upnita.
　　　　 はい 電話　　　かわりました
　　　　　　　　　　　　　　　　　　　　　（伊藤 1990: 23）

「状態述語＋タ」には，発話時に存在する事柄を「過去に一度見聞きしている事柄」として述べる「思い出し」の用法があるが，「-ess-」にも同じ用法がある。

(16) 　tayk-uy cenhwapenho-nun myech pen-i-ess-cyo?
　　　　 お宅-の　電話番号-は　　　　何　　番-でしたか

(お宅の電話番号は何番でしたっけ？)　　　　　　　(菅野 1986: 63)

　このように「タ」と「-ess-」には類似点が多いが，その一方で，両者には重要な違いがある。たとえば，日本語では，生まれたばかりの子どもの性別を過去形で報告することができるが，韓国語では不自然である。

(17)　(子どもが生まれて，病院から実家の親に子どもの性別を報告する)
　　a.　男だよ。／男だったよ(＝見たら男だったよ)。
　　b.　atul-ieyyo.／#atul-i-ess-eyo.
　　　　息子-です　　息子-でした
　　　　　　　　　　　　　　　　(井上・生越・木村 2002: 127)

　この場合，「男だった」は，子どもが生まれたばかりの状況で，子どもが生まれた時に見たことを，「(見たら)男だった」という形で報告している。「男である」ことが判明した時の状況を写真に撮り，それを見せて報告するというイメージである。韓国語では，現に「男である」子どもに対してそのようなことはできず，現在形で報告する。次の例も同様である。

(18)　(捜査員が容疑者の自宅を捜索中に偶然隠し金庫を発見した。中を
　　　調べながら，無線で捜査本部に連絡する)
　　　地下に隠し金庫が{あります／ありました}。
　　　　　　　iss-supnita／#iss-ess-supnita.
　　　　　　　あります　　　ありました
　　　今中を調べていますが，特に何も入っていません。
　　　　　　　　　　　　　　　　(井上・生越・木村 2002: 127)

　(18)の「あった」は，(17)と同様，金庫の存在が判明した時に見たことを「(調べたら)あった」という形で報告している。話し手が現在注目しているのは「金庫の中に何があるか」であり，「金庫がある」こと自体はすで

に観察済みなので,「(調べたら)あった」という形で述べるわけである。「ええと,井上,井上…。あった！(＝見たらあった！)」(例8)のような「タ」の発見用法も,「ある」ことが判明したのが発話時直前というだけで,本質的には(18)の「あった」と同じである。

韓国語では,例(9)のような「過去の認識の更新」を表す場合を除き,眼前に存在するものについて過去形「iss-ess-ta」(あった)を用いることはできない。「iss-ess-ta」と言えるのは,話し手が現場を離れた後である。当然,「(見たら)あった！」という意味で「iss-ess-ta！」と言うことはできない。

眼前の動作について述べる場合にも同じことがあてはまる。たとえば,日本語では,自分が乗る電車が来るのが見えれば「来た(＝来るのが見えた)」と言えるが,韓国語では,電車が来るのを見ている時は「o-nta」(来る)と言う。

(19) (自分が乗る電車が来るのが見えた)
　　　(cenchel-ka) o-nta, o-nta. ((電車ガ)来タ,来タ)
　　　電車-が　　　　来る　　来る　　　　(梅田・村崎 1982: 44,一部改変)

韓国語でも,電車が来るのが見えた場面で「wass-ta」(来た)とは言えるが,それは「やっと来た」,「来ないと思っていたら,実際は来た」のように,電車が見えた段階で「動作が完結したも同然」と感じ,電車が来る過程には特に注意を向けていない場合である。

このように,日本語では,眼前の事態や現存する対象の恒常的属性が観察された最初の瞬間を,過去の観察内容として過去形で述べることができる。また,食事が終わると同時に「おいしかった！ごちそうさま！」と言えるというように,感覚や感情をもたらす動作が終わったらただちに過去形が使える。

これに対し,韓国語では,眼前の事態や現存する対象の恒常的属性は基

本的に現在形で述べられ，過去形は，事柄が完結して次の場面に移行したり，場面が変わって事柄を直接感知できなくなったりした段階で用いる。「masiss-ess-ta」（おいしかった）と言えるのも，食事が終わって次の場面に移行した後で「おいしかった」と感想や評価を述べる場合である。

3.3 テンス・アスペクトに関する日本語と韓国語の対照研究

第3.2節で見た過去形の意味に関する日本語と韓国語の相違は，さらに日本語と韓国語のテンス・アスペクト全般に関わる相違の中で位置づけられる。

日本語のアスペクトは，完成相「スル／シタ」と継続相「シテイル／シテイタ」の対立を基盤とする（工藤1995）。韓国語のアスペクトも基本的には同じように考えることができる(韓国語には，過去形態素を重ねた「hayss-ess-ta」という形式もあるが，本稿の議論の範囲内では問題にならないので，ここでは直接の考察対象としない)。

(20)　日本語（工藤1995参照）

	非過去	過去
完成相	スル	シタ
継続相	シテイル	シテイタ

(21)　韓国語

	非過去	過去
完成相	ha-nta する	hayss-ta した
継続相 （進行状態）	ha-ko iss-ta して　いる	ha-ko iss-ess-ta して　いた
継続相 （結果状態）	hay iss-ta して　いる	hay iss-ess-ta して　いた

日本語・韓国語のアスペクトは「事象と時間の関係づけ方」に関わる表現

である。完成相形式は事象全体を時間軸上の特定の位置に位置づける表現，継続相形式は事象実現後の状態を設定時における場面の構成要素として位置づける表現である。たとえば，「さっき新聞を読んだ」(例22)は，「新聞を読む」という動作全体が一つのまとまりとして「さっき」という時間(場面)に位置づけられることを述べる文である。また，「さっき新聞を読んでいた」(例23)は，「さっき」という時点(場面)において「新聞を読んでいる」という状態が場面の構成要素として存在したことを述べる文である。韓国語についても基本的には同じである。

(22) さっき新聞を読んだ。(完成相)

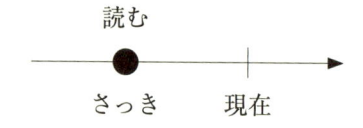

読む
さっき　　現在

(23) さっき新聞を読んでいた。(継続相)

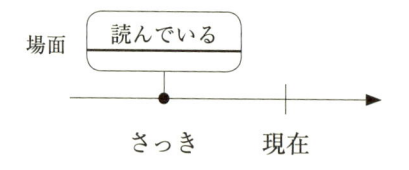

場面　読んでいる
さっき　　現在

しかし，日本語と韓国語の完成相形式と継続相形式の使い分けには，次のようなずれが見られる。

(24) 日本語の完成相形式は「出来事を時間の流れの中に位置づける」という動的叙述性が明確だが，韓国語の完成相形式は「こういう出来事がある／あった」というように出来事の存在を表すのみである。
(25) 韓国語の継続相形式は「特定の場面の中で観察された状態を叙述す

る」という場面説明的な意味が明確だが，日本語の継続相形式は場面説明的な意味は希薄である。

　一言で言えば，日本語は，時間の流れに乗って出来事を叙述する「アニメーション（コマ送り）」的な叙述をベースとし，韓国語は，事態の存在を総括的に叙述する「スライド（紙芝居）」的な叙述をベースとする。そして，それに連動して継続相形式の役割にもずれが生じているということである。
　まず，完成相形式の動的叙述性の強弱について見よう。
　動的叙述性の強さの相違は，「スル」と「ha-nta」（スル）の用法の相違に端的に現れる。韓国語では，「ha-nta」で現在の動作を表すことができる。動作の内容を描いた絵を見せるような感覚で，「ha-nta」で現在の動作の内容を述べることができるわけである。

(26)　（何か動作をやっている相手に）
　　a.　何を {しているんですか／#しますか} ？
　　b.　mwe {ha-seyyo／ha-ko kyeyseyyo} ？
　　　　何　される　　　して　いらっしゃる
　　　　　　　　　　　　　　　　　　　　　　（井上 2012b: 671）
(27)　（眼前で雪が降っているのを見て）
　　ya, chesnwun-i nayli-nun-kwunyo.（やあ，初雪が降っていますね。）
　　やあ 初雪-が　　降りますね
　　　　　　　　　　　　　　　　（『コスモス朝和辞典』第 2 版 : 156）

　日本語では，現在の動作を表す時は継続相形式「シテイル」を用いる。完成相形式「スル」が現在の動作を表すのは，発話と同時的な認識・発話行為を述べる場合（例 28），あるいは，動作の展開と同時並行的にその動作を叙述する場合（例 29）に限られる。これも，日本語の完成相形式がアニメーションのように時間の流れに乗って出来事を叙述するためである。

(28)　少し寂しく感じる（思う）。／ここに開会を宣言します。

(29) ぐんぐん打球は のびる。センター バックする。 (高橋 2003: 116)

完成相形式の動的叙述性の強弱は，過去の出来事を述べる場合にも観察される。たとえば，「シタ」を用いた (30a) は，来日までの経過 (経歴や来日準備過程) を問う文になり，来日前の身分や職業を問う場合は，(30b) のように「シテイタ」を用いる。一方，「hayss-ta」（シタ）を用いた (31) は，来日までの経過を問う場合にも，来日前の身分や職業を問う場合にも使える。

(30) a. 日本に来る前は，何をしましたか？
　　 b. 日本に来る前は，何をしていましたか？
(31) 　 ilpon-ey o-si-ki cen-ey-nun, mwues-ul hasyess-supnikka?
　　　　 日本-に　来られる 前-に-は　　何-を　　　されましたか

(以上，井上・生越・木村 2002: 135，一部改変)

動的叙述性の強弱に関する相違は，次のような現象にも現れる。

(32) （近づいてきた見知らぬ人が酒臭いのに気づいて横の友達に）
　　 a. お酒飲んでる (#飲んだ)。
　　 b. swul masyess-ta.
　　　　 酒　　飲んだ

(生越 1995: 188)

日本語の「シタ」は，時間の流れにそったコマ送り的な展開の意味を含むため，話し手が事態実現の経過を把握していない場合は使いにくい。(32) でも，話し手は当該の人物が酒を飲んだ経過を知らず，「酒臭い」という結果しか知らないので，動作の結果の存在を述べるパーフェクトの「シテイル」を用いなければならない。韓国語の「シテイル」相当形式にはパーフェクトの用法はなく，(32) でも「masyess-ta」（飲んだ）と言う。動作がなされた経過は知らなくても，動作自体は過去に存在したのであるから，

「hayss-ta」（シタ）で動作の内容を述べればよい。

　「まだ来ていない」が「an wass-ta」（否定＋来た）となること（例14）も，動的叙述性の強弱が関係している。韓国語の「hayss-ta」は過去の出来事の存在を表し，否定形「an hayss-ta」（否定＋シタ）も過去における出来事の不存在を表す。一方，日本語では，「シタ」の動的叙述性の強さに対応する形で，否定形「シナカッタ」も「出来事なしという結果になった」という意味になる。単に過去における出来事の不存在を述べるだけの場合は，パーフェクトの「シテイル」の否定である「（マダ）シテイナイ」を用いて，「経歴なし」という形で述べる。

　次に，継続相形式の場面説明的な意味の強弱について見よう。

　日本語の完成相形式は，時間の流れにそったコマ送り的な展開の意味を含み，それが文脈に合わない場合は継続相形式を用いる。

(33)　（待ち合わせ場所に遅れてやってきた妻が，先に来ていた夫に）
　　　ごめんなさい。
　a.　銀行でお金を {# おろしたの／おろしてたの}。
　b.　unhayng-eyse ton-ul {chac-ass-eyo ／ #chac-ko iss-ess-eyo}．
　　　銀行 - で　　お金 - を　引き出しました　　引き出して いました

（井上・生越・木村 2002: 134）

　この場合，日本語では，「おろしていた」と言うと，「金をおろすのに時間がかかって遅れた」という意味になる。「おろした」と言うと，「金をおろした→その結果遅れた」という時間の流れにそった展開の意味が生じ，金をおろしたことが遅れた理由ということになる。(33) では，そのような動的な意味が出ないように，「おろしていた」を用いている。

　韓国語では，(33) の文脈で継続相形式「chac-ko iss-ess-ta」（おろしていた）は使いにくい。継続相形式を使うとすれば，(34) のように，特定の場面について説明を加える場合である（日本語では「おろしていたところだっ

た」がこれに近い)。韓国語の完成相形式は，述べ方が紙芝居的で，時間の流れにそった展開の意味は希薄である。そのため，特に理由がなければ完成相形式を使えばよく，継続相形式を用いるのは場面の一部に焦点をあてて説明する場合に限られる。

(34) (「さっき銀行で何をやっていたの？」と聞かれて)
　　a. お金をおろしてたの (おろしていたところだったの)。
　　b. ton-ul　chac-ko　iss-ess-eyo.
　　　　お金-を　引き出して　いました　　　　(井上・生越・木村 2002: 134)

韓国語の継続相形式が場面説明的な意味を強く持つことは，次のような例にも現れる。

(35) (道に誰のものかわからないお金が落ちているのを見つけて)
　　a. あ，お金が {落ちてる／#落ちた}。
　　b. (眼前の状態を観察しながら)
　　　　e, ton-i　ttelecye　iss-ney.
　　　　あ　お金-が　落ちて　　いる-詠嘆
　　c. (「うそ！」という気持ちで)
　　　　e, ton-i　ttelecyess-ney.
　　　　あ　お金-が　落ちた-詠嘆　　　　(井上・生越・木村 2002: 141)

日本語では，道にお金が「落ちている」のを見つけただけで，「落ちた」過程をイメージしにくい場合は，「落ちている」と言うしかない。一方，韓国語では，「ttelecye iss-ta」(落ちている)と言うと，眼前の場面について観察あるいは説明しているという意味が強くなる。そのような気持ちでなく，「予想もしなかった状況が眼前に現れた！」という気持ちで言う時は，「ttelecyess-ta」(落ちた)と言う。日本語では，完成相形式のコマ送り的な展

開の意味が文脈に合わない場合は継続相形式が用いられるが，韓国語では，継続相形式の場面説明的な意味が文脈に合わない時は完成相形式を用いるわけである。

　これ以外にも，日本語では，既婚者であることを「結婚している」，父親似であることを「父に似ている」と言うが，韓国語では「kyelhon-hayss-ta」（結婚した），「talm-ass-ta」（似た）と言う。既婚者・父親似であることは特定の場面に限った話ではないので，韓国語では完成相形式を用いるのである。

　このように，日本語と韓国語のテンス・アスペクト体系の基本的な枠組みは基本的には同じだが，基本枠の運用の基盤となる時間の構成様式（アニメーション型／スライド型）が異なるため，完成相形式と継続相形式の役割分担のバランスにずれが生ずる。

　第3.2節で見た日本語と韓国語の過去形の使い方の違いも同じ見方で説明できる。

　時間の流れに乗って事態を叙述するアニメーション型叙述をベースとする日本語では，観察の結果ある事態の存在が判明したら，判明時の観察内容だけをただちに過去の情報として扱うことができる。また，感覚や感情をもたらす動作が終わったらすぐに過去形が使える。時間の流れの中で得られた情報が，次の瞬間には過去の情報として扱えるのである。

　一方，事態の存在を総括的に叙述するスライド型叙述をベースとする韓国語では，当該事態の存在が認識されているうちは現在の情報として扱われる。過去形が用いられるのは，事態の存在が直接認識されなくなり，場面が更新されて事態全体が過去の情報となった後である。

3.4　テンス・アスペクトの関連現象に関する日本語と韓国語の対照研究

　日本語と韓国語には，テンス・アスペクト以外にも「アニメーション型叙述／スライド型叙述」という観点から説明できる現象がある。ここでは3つの現象をあげる。

3.4.1 「シタ」と意図成就「デキタ」

　日本語では，動作主が動作完成を実現させた状況と，動作主の意図や期待どおりに動作完成が実現した状況が表現上区別される。前者は「シタ」，後者は尾上（1999）のいう意図成就の「デキタ」で表される。

(36) a.　今日は3キロ泳いだ。（シタ）
　　 b.　今日は3キロ泳げた。（デキタ：意図成就）

「泳いだ」を用いた(36a)は，「3キロという距離を出した」ということを述べている。この場合，働きかけから動作完成までのプロセス全体が動作主によりコントロールされた動作として述べられている。一方，「泳げた」を用いた(36b)は，「努力の結果3キロという距離が出た」ということを述べている。この場合，働きかけは動作主のコントロールによるものだが，動作完成は動作主の意志とは別に変化として生じたものである。

　動作主が動作完成を実現させた状況と，動作主の意図どおりに動作完成が実現した状況は，動作の内容は同じだが，動作完成に至るプロセスが異なる。時間の流れに乗って事態を叙述するアニメーション型叙述をベースとする日本語では，両者は異なるタイプの状況として扱われ，「シタ」「デキタ」により表し分けられる。

　これに対し，事態の存在を総括的に叙述するスライド型叙述をベースとする韓国語では，動作主が動作完成を実現させた状況と，動作主の意図どおりに動作完成が実現した状況は，動作自体の内容が同じなので，いずれも「hayss-ta」（シタ）で表される。次の例でも，日本語では，動作完成は動作主である話者の意志とは別の要因によるものであることを述べるために，「デキタ」が用いられているが，韓国語では「hayss-ta」を用いる。「運よく」「やっと」「うまく」のような偶然性，成就，結果を表す語，あるいは意図成就の文脈により，動作完成に重点を置いた文になる。

(37) （乗れないと思ったバスに間に合って）
　　　運よくバスに乗れた（# 乗った）。
　　　wun-coh-key pesu-lul thass-ta.
　　　　運よく　　　　バスを　　乗った
(38) （電車でやっとあいた席に腰かけて）
　　a.　やっと座れた（# 座った）。
　　b.　kyewu anc-ass-ta.
　　　　　やっと　座った
(39) （初対面の人に）
　　a.　お会いできて（# お会いして）うれしいです。
　　b.　manna-se pankap-supnita.
　　　　　会って　　　うれしいです
　　　　　　　　　　　　　　　　　（以上，井上 2012b: 674–675）

3.4.2　複合動詞と受動文

　日本語と韓国語の複合動詞は，前項と後項の順序が逆になる，あるいは日本語では後項動詞で表されるものが韓国語では副詞的要素で表されることがある（生越 1984, 塚本 2009）。

(40)　着 - 替える　　／　pakkwe ipta, kala-ipta（替えて着る）
　　　書き - 直す　　／　kochye ssuta（直して書く）
　　　聞き - 流す　　／　hullye-tutta（流して聞く）
　　　食べ - 過ぎる　／　cinachi-key mekta（過ぎるように食べる）
　　　　　　　　　　　　　　　　　　　（塚本 2009: 328, 330–332）

　これらの複合動詞によって表されるのは，「別のものを着る／別の形で書く／止まらずに聞く／過度の量を食べる」という動作である（実際，「着替える／書き直す／聞き流す／食べ過ぎる」動作を 1 枚の絵で描く場合は，「着る／書く／聞く／食べる」動作を描くことになる）。事態の存在を総括的

に叙述するスライド型叙述をベースとする韓国語においては，まさにその「動作」を述べる形で複合動詞が構成されている。

これに対し，日本語では，「着た結果，服が替わる／書いた結果，別の書き方になる」，「聞く動作が途中で停滞しない形になる／食べた量が過度になる」という時間の流れにそった「変化」のプロセスを述べる形で複合動詞が構成される。これも，日本語が時間の流れに乗って事態を叙述するアニメーション型叙述をベースとしているからである。

受動文に関する日本語と韓国語の相違も，アニメーション型叙述，スライド型叙述という線で説明できる。

韓国語には，動作を直接受けることを表す関与受動（鷲尾1997）はあるが，動作により間接的な被害をこうむることを表す排除受動（鷲尾1997）はない。

(41) a. チョルス₁がヨンヒ₂に髪₁を切られた。(関与受動)
　　 b. Chelswu₁-ka Yenghuy₂-eykey meli₁-lul kkakk-i-ess-ta.
　　　　チョルス-が　　ヨンヒ-に　　　　髪-を　　　切られた　（鷲尾 1997: 28）

(42) a. チョルスがヨンヒに泣かれた。(排除受動)
　　 b. *Chelswu-ka Yenghuy-eykey wul-li-ess-ta.
　　　　チョルス-が　　ヨンヒ-に　　　　泣かれた　（鷲尾 1997: 30）

日本語の受動文（正確には益岡（1987）の言う受影受動文）では，動詞の受動形が「動作→影響」という時間の流れにそったプロセスを述べる。排除受動が成立するのもそのためである。一方，韓国語の受動形は「動作→影響」というプロセスは表さず，「動作を受ける」ことしか表さない。韓国語の受動文が動作による間接的な被害を表すことがないのもそのためである。

3.4.3 名詞的表現

金（2003）は，日本語は名詞的表現を好み，韓国語は動詞的表現を好むということを指摘している。たとえば，日本語では，「雨が降った日」「めがね

をかけた子」のことを「雨の日」「めがねの子」と言うが,韓国語では,これらは「pi o-ten nal」(雨が降っていた日),「ankyeng kki-n ay」(めがねをかけた子)のように動詞をともなう形で言う。また,日本語では,「探し物をする」「品のない食べ方をする」のように名詞化した形で動作を述べることが多いが,韓国語では「物を探す」「品なく食べる」のように動詞的な表現をとる。

さらに,日本語では,次のように「動作名詞+ダ」が「動作名詞+スル」と同じように格成分や副詞成分をとることができるが,韓国語では「動作名詞+ita(ダ)」が動詞的に用いられることはない(井上・金 1999)。

(43) a. (列車のアナウンスで)
　　　まもなく立川に到着です。
　　b. (駅のホームのアナウンスで)
　　　ご乗車ありがとうございました。立川に到着です。

(井上 2012b: 671)

日本語では,「到着する／到着した」と言うと,時間の流れにそったコマ送り的な展開の意味が強く出る。(43) のような「動作名詞+ダ」は,完成相形式が持つ動的叙述性を抑制し,大まかに「到着の場面である」ことを述べるために用いられる。

「探し物をする／品のない食べ方をする」も,コマ送り的な展開の意味を抑制して,動作全体を一つのまとまりとして述べるために,名詞的表現にすると見られる。「雨の日／めがねの子」のような表現も,動詞的表現を用いると出来事の叙述という意味が前面に出るので,それを抑制するために動詞を使わない形にするのであろう。

3.4.4　提題助詞「は」「(n)un」の使い方

述語に関係する現象以外にも,アニメーション型叙述,スライド型叙述と

いう見方と関連づけて説明できそうな現象はある。

　先に述べたように，時間の流れに乗って事態を叙述するアニメーション型叙述をベースとする日本語では，時間の流れの中で得られた情報が，次の瞬間には過去の情報として扱える。一方，事態の存在を総括的に叙述するスライド型叙述をベースとする韓国語では，当該事態の存在が認識されているうちは現在の情報として扱われる。日本語と韓国語の提題助詞の使い方のずれも，これと似た部分がある。

　田窪（1990）が述べるように，韓国語の提題助詞「-(n)un」（は）は，「実際に話題に出るか，世間で話題になっているもの」，「現在の状況から問題となる要素が推測できるもの」，「一般知識のように，明白に前提知識となっているもの」のように，文脈上既知であることが明らかな要素に対して用いられ，先行文脈において未導入の要素は「-i/-ka」（が）で表示される。一方，日本語では，「相手が当然知っているはずのもの」や「発話現場にあるもの」は，先行文脈において未導入であっても既知の要素として扱われ，「は」で表示される。

(44) a.　これは (*が) 何ですか。
　　 b.　ikes-i　mwes-ipnikka?
　　　　これ-が　何-ですか

(45) a.　神戸大学は (*が) どこにありますか。
　　 b.　kobe-tayhakkyo-ka　eti　isssupnikka?
　　　　神戸大学-が　　　　どこ　ありますか

（以上，田窪 1990: 840）

　このような相違は，情報を既知扱いできるタイミングが日本語と韓国語で異なることから生ずると見られる。日本語では，その場で得た情報やその場で提示した情報をすぐに既知扱いできるが，韓国語では，文脈上話し手と聞き手の共有情報になった段階で既知扱いされるということであろう。

　以上，第3節では，日本語と韓国語のテンス・アスペクトの種々の相違が

「動的叙述性の強弱」に由来することを述べ，動的叙述性の強弱がテンス・アスペクト以外の日本語と韓国語の相違とも関係しているという見方を示した。

4. 日本語と中国語の対照研究—テンスの有無と事象の叙述様式—

本節では，アスペクトとその関連現象について，日本語と中国語の対照をおこなう。アスペクトに限らず，中国語には日本語の感覚とは異なる現象が少なくない。本節では，それらの現象の背後に「文法カテゴリーとしてのテンスの有無」が関わっていることを見る。（本節の内容は井上（2012a），井上・黄（2000），井上・生越・木村（2002）にもとづく。）

4.1 中国語のアスペクトの基本的性格

中国語は，文法カテゴリーとしてのテンスを持たない言語である。述語形式を決定するうえで，事象の時間軸上の位置は特に問題にならない。

(46) a. 他 去年 在 北京 工作。（彼は去年北京で働いた。）
       彼　去年　で　北京　働く
   b. 他 現在 在 北京 工作。（彼は現在北京で働いている。）
       彼　現在　で　北京　働く
   c. 他 明年 到 北京 工作。（彼は来年北京で働く。）
       彼　来年　行く　北京　働く
                              （井上・生越・木村 2002: 146）

日本語は文法カテゴリーとしてのテンスを有し，アスペクト（完成相「スル／シタ」と継続相「シテイル／シテイタ」の使い分け）も，第3.3節で述べたように事象と時間の関係づけ方に関わる表現である。完成相形式と継続相形式を使い分けて，事象の相対的な位置関係を表示することもできる。

(47) 喫茶店に入った。コーヒーを飲んだ。［継起関係］
(48) 店を出た。雪が降っていた。［同時関係］
(49) 朝，CDを聞いていた。そこに電話のベルがなった。［同時関係］

これに対し，無テンス言語である中国語のアスペクト接尾辞"了"（完了），"着"（持続）は，「事象の形」に関わる表現である（井上・生越・木村 2002）。"等"（待つ）のように，限界性を持たない「開いた形」を持つ事象を表す動詞句は，"着"はつくが"了"はつかない。また，"等三个小时"（3時間待つ），"死"（死ぬ）のように，限界性を有する「閉じた形」を持つ事象を表す動詞句は，"了"はつくが"着"はつかない。

(50) a. 私はずっと彼を｛待った／待っている｝。
　　 b. 我　一直｛*等了　／等着｝　　他。
　　 　 私　続けて　待つ-完了　待つ-持続　彼

(51) a. 私は彼を3時間｛待った／待っていた｝。
　　 b. 我｛等了／　*等着｝　　他　三个小时。
　　 　 私　待つ-完了　待つ-持続　彼　3時間

(52) a. うちの猫が｛死んだ／死んでいる｝。
　　 b. 我　的　猫｛死了　／　*死着｝。
　　 　 私　の　猫　死ぬ-完了　死ぬ-持続

(井上・生越・木村 2002: 148，一部改変)

このように，中国語では，"了／着"が単独で完了・持続を表すのではなく，動詞句の限界性・非限界性と"了／着"とを組み合わせる形で完了・持続を表す（木村 2006）。動詞句で事象の形のデザインを「下書き」し，"了／着"でそれに「色づけ」をして現実の事象として叙述するわけである。

「下書き」に動詞句以外の要素が関わることもある。"吃饭"（食事する）は開いた形の事象であり，"??吃了饭"とは言いにくい。しかし，次のよう

に，場面変化を表す文末助詞"了"（"了₂"と表記）を加えたり，食事後の動作を述べたりすると自然な文になる。

(53) a. 他 吃了　　　饭 了₂。（彼は食事をしたところだ。）
　　　　彼 食べる-完了 食事 場面変化
　　b. 他 吃了　　　饭　就　　走 了₂。（彼は食事後すぐに出かけた。）
　　　　彼 食べる-完了 食事 すぐに 行く 場面変化
　　　　　　　　　　　　　　　　　　　　　　（井上 2012a: 23）

また，"破"（破れる）は閉じた形の事象であり，"*袜子破着"（直訳：靴下が破れている）は不自然である。しかし，副詞"还"（相変わらず）や場面保持を表す文末助詞"呢"を加えると，"破着"と言えるようになる。

(54)　袜子　还　　破着　　　　呢。（靴下はまだ破れたままだよ。）
　　　靴下　まだ　破れる-持続　場面保持
　　　　　　　　　　　　　　　　　　　　　　（井上 2012a: 23）

「食事する」は開いた形の事象だが，一方で終了が比較的イメージしやすいという側面も持つ。"吃饭"だけでは完了のイメージが希薄なので"了"は使いにくいが，食事場面の終了を含意する要素により食事という動作が持つ潜在的な限界性が強化されると，"了"が使えるようになる（木村 1997a）。
　同じように，「破れる」は閉じた形の事象だが，可逆的な変化であるために，「元に戻らない（破れたままの）状態の維持」をイメージすることも潜在的には可能である。"破"だけでは状態維持はイメージされないが，副詞などの要素により状態維持のイメージが強化されると，"着"がつけられるようになる。
　このように，"了／着"は「事象の形」の表現である。そのため，本質的に時間の表現である日本語のアスペクトとは異なり，事象の相対的な位置関係を表示する機能を持たない。

(55) 「帰りましょうか？」
　　　小野木が時計を見ると，九時を過ぎていた。このグリルに着いたときいっぱいだったテーブルも，半分に減っていた。楽団も，いつのまにか引きあげている。小野木は，ボーイを呼んで，会計をすませた。　　　　　　　　　　　　　　　　((松本清張「波の塔」)

(56) ((55)の中国語訳)
　　　"我们回去吧？"
　　　小野木看看表，已经过了九点。刚到这家西式餐厅的时候，桌子周围满是客人，现在已减到了一半左右。乐队也撤走了。小野木叫来服务员，结清了帐目。　　　　　　　　　　　　　　　　（「波浪上的塔」)
　　　　　　　　　　　　　　（以上，井上・生越・木村 2002: 153）

　上記の場面では，「9時を過ぎた／客が半分に減った／楽団が去った」のは「時計を見た」時よりも前，「勘定を払った」のは「時計を見た」時よりも後である。日本語では，この位置関係が「シタ」と「シテイタ」(パーフェクト）を使い分けることにより表される。中国語では，述語形式はすべて"V了"であり，出来事の位置関係は副詞"已经／已"（すでに）で表されている。

　次の(57)は，グリム童話「ロバ (Das Eselein)」の中国語訳の結末部分である。物語の最後で主人公のその後の人生を総括する場合，日本語では「シタ」が用いられ，「シテイタ」は用いられないが，中国語では"着"が用いられることがある。(57)もそのような例である。

(57) 于是，老国王给了他半个王国。一年后，老国王一死，整个王国都是他的了。他父亲死后，他又得到另一个王国，因此过着荣华富贵的生活。
　　　（そうして王様は彼に国を半分与えました。1年経って王様が亡くなると国全体が彼のものになりました。父親の死後，彼はもう一つ国を手に入れ，豊かで栄えある生涯を送りました (#送っていまし

た)。)　　　（杨武能・杨悦（訳）《格林童话》北京燕山出版社, p. 343）

映画やアニメーションでは，物語の最後で「二人はいつまでも幸せに暮らしました」と語りながら，映像で「幸せに暮らしている」様子を映し出して終わることがある。(57)でも，「豊かで栄えある生涯を送っている」様子を見せながら終わるという感覚で"着"を用いている。

4.2　「事象の形」と関わる現象

無テンス言語である中国語において，「事象の形」が本質的に重要な意味を持つことは，さまざまなところに現れる。

事象のタイプとして，「状態」「動作」「変化」ということが言われる。「状態」は，時間の流れにそった展開のない静的な事象，「動作」「変化」は，時間の流れにそった展開のある動的な事象である。述語のアスペクト的な性質について考える場合，「静的／動的」という区別が重要なことはよく知られている。

その一方で，中国語においては，「状態／動作」と「変化」という区別が重要な意味を持つ。「状態」と「動作」は，時間の流れにそった展開の有無に関する違いはあるが，ともに一定の時間的な幅を有する〈線〉としての形を有する事象である。

(58) a.　「状態」　　　　　　　　　b.　「動作」

　　　　状態　　　　　　　　　　　　動作

　　▬▬▬▬▬ ▪ ▪ ▪ ▪ 　　　　　　▬▬▬▬▬ ▪ ▪ ▪ ▪

「状態／動作」が一定の時間的な幅を有するということは，これらがモノとしての実体を有するということである。我々は状態や動作を写真に撮ることができるが，これも状態や動作にモノとしての実体があるからである。

一方，「変化」（＝状態出現）は，「状態なし」と「状態あり」という二つ

の状況の間の〈境界〉としてのみ存在し，それ自体にはモノとしての実体はない（実際，「状態なし」と「状態あり」の間の〈境界〉だけをとりだして写真に撮ることはできない）。これは，「動作出現」が「動作なし」と「動作あり」という二つの状況の間の〈境界〉として存在するのと平行的である。

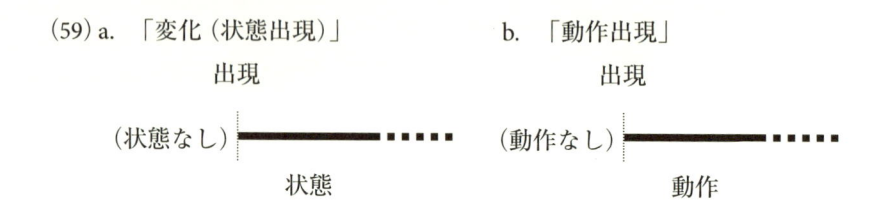

(59) a. 「変化（状態出現）」　　　　b. 「動作出現」

```
              出現                          出現
（状態なし）━━━━━┊┄┄┄┄┄    （動作なし）━━━━━┊┄┄┄┄┄
              状態                          動作
```

このように，「状態／動作」と「変化（状態出現）」では事象の形が異なるが，このことが反映される現象の一つに，否定辞"不"，"没"の使い分けがある。

中国語では，状態の否定，未然の動作の否定には"不"が用いられ，既然の動作・変化の否定には"没"が用いられる。未然の変化の否定には"不"は用いられず，"不会結冰"（凍る可能性がない）のように別の表現を用いる必要がある（木村 1997b）。

(60) 　今天　天气　不　　好。（今日は天気がよくない。）
　　　　今日　天気　否定　よい　　　　　［状態］
(61) 　我　今天　不　　吃　　午饭。（今日は昼食は食べない。）
　　　　私　今日　否定　食べる　昼食　　　［未然の動作］
(62) *这个　湖　明天　不　　结冰。（この湖は明日は氷がはらない。）
　　　　この　湖　明日　否定　凍る　　　　［未然の変化］
　　　cf.　这个湖 明天 <u>不会</u> 结冰。
(63) 　我　昨天　没　　吃　　午饭。（昨日は昼食を食べなかった。）
　　　　私　昨日　否定　食べる　昼食　　　［既然の動作］

(64) 这个 湖 昨天 没 结冰。(この湖は昨日は氷がはらなかった。)
　　　この　湖　昨日　否定　凍る　　［既然の変化］

(以上，井上・黄 2000: 113-115)

"不"は，〈線〉の形を持ったモノとしての事象（＝状態・動作）が存在しないことを表す。これに対し，"没"は，〈境界〉としての事象（＝変化（状態出現）・動作出現）が存在しないことを表す。未然の変化の否定が"不"で表せないのも，変化が〈線〉の形を持たない（それ自体ではモノとしての実体を持たない）事象だからである（井上・黄 2000）。

4.3　テンスの有無と関連する現象

4.3.1　個別具体的な出来事の叙述様式

　中国語には，「事象の形」が本質的に重要な意味を持つこと以外にも，文法カテゴリーとしてのテンスがないことと関係する現象が数多く見られる。特に重要なのは，事象を「個別具体的な出来事」として叙述する様式が日本語と大きく異なることである。

　事象を個別具体的な出来事として叙述するとは，事象を個別具体的な時空間（すなわち場面）に存在するものとして叙述するということである。テンスを有する，すなわち述語に時間が内包されている日本語は，構造上，事象を個別具体的な場面に存在する出来事として叙述するようになっており，文を述べれば，それがそのまま個別具体的な出来事の叙述になる。

　一方，無テンス言語であり，述語に時間が内包されていない中国語においては，文を述べるだけでは個別具体的な出来事の叙述にならない。個別具体的な出来事を叙述するには，言語形式を組み合わせて事象や場面そのものを構成的に描き出す（言語表現の具象性を上げて，個別具体的な出来事らしく述べる）という形をとる。以下では，そのような現象を4つあげる。

4.3.2 「変化」の表現様式

　変化には，自然発生的に生ずる自律的変化と，動作の結果生ずる非自律的変化がある。日本語は，いずれの場合も，変化動詞を用いて「結果としてこうなった」という形で変化を叙述する。

(65) a.　服が乾いた。(干した結果乾いた／自然に乾いた)
　　　b.　服がきれいになった。(洗った結果きれいになった)

　一方，中国語では，動作の結果生じた非自律的変化を叙述するには，通常「動作－結果」の述語構造（動補構造）を用いる。結果のみに言及して「結果としてこうなった」という形で変化を叙述できるのは，自律的変化（「何らかの力」としか言えない場合を含む）に限られる（木村 1997b）。

(66) a.　衣服　晾干了。(服が陰干しした結果乾いた。)
　　　　　服　　干す - 乾いている - 完了
　　　b.　衣服　干了。(服が（自然に）乾いた。)
　　　　　服　　乾いている - 完了
(67) a.　衣服　洗干浄了。(服が洗った結果きれいになった。)
　　　　　服　　洗う - 清潔だ - 完了
　　　b. ??衣服　干浄了。
　　　　　服　　清潔だ - 完了

（以上，井上 2012a: 6）

　「変化」とは，時間の流れにそって「状態なし」から「状態あり」に移行することである。日本語では，この移行過程（(68) の矢印部分）そのものが変化動詞として言語化されている。変化を叙述するために必要な時間の流れが動詞に内包されているために，動詞単独で変化を叙述することができる。

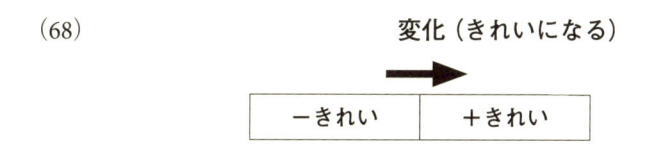

(68)　　　　　　　　　変化（きれいになる）
　　　　　　　　　　　　　→
　　　　　　　　　| －きれい | ＋きれい |

　一方，無テンス言語である中国語では，述語形式に時間の要素が内包されておらず，「動作→結果」という二つの局面を組み合わせて時間の流れをつくりだして，変化を叙述する。2枚の静止画を組み合わせて動画にするのと同じ感覚である。
　自律的変化を叙述する場合も，中国語では「自然力→結果」という二つの局面を組み合わせて変化を叙述する。動作に言及しない場合は，自然力を読み込む形で時間の流れをつくりだして，変化を叙述するのである。

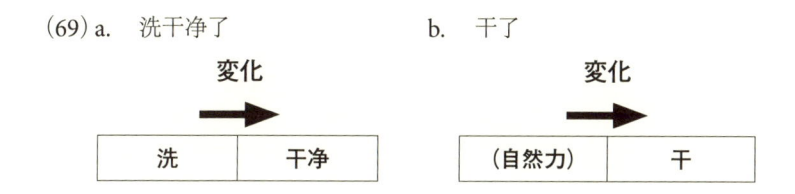

(69) a.　洗干净了　　　　　　b.　干了
　　　　　　変化　　　　　　　　　　変化
　　　　　　→　　　　　　　　　　　→
　　　| 洗 | 干净 |　　　　　　| （自然力） | 干 |

4.3.3　段階性の表現様式
　事態実現のタイミングが想定よりも早い・遅いことを述べる場合，中国語では，より軽い・重い条件で事態が実現することを表す"就"（もう），"才"（やっと）を用いる。日本語では，「もう／やっと」と言わなくても，時点を強調して予想外の気持ちを表せば，タイミングが想定外という意味が出るが，中国語では，"就／才"がなければ，タイミングが想定外という意味は出ない。

(70) a.　公演は7時半に始まるが，彼は7時に（もう）劇場に着いた。
　　　b.　演出　七点半　开始，他　七点 {就／*φ} 到　劇場　了。
　　　　　公演　7時半　始まる　彼　7時　　もう　　着く　劇場　場面変化

(71) a. 公演は7時半に始まるが，彼は8時に（やっと）劇場に着いた。
　　 b. 演出　七点半　开始，他　八点｛才／*φ｝到　剧场。
　　　　 公演　7時半　始まる　彼　8時　　やっと　　着く　劇場

（中国語文は刘月华ほか 2001: 247）

　このような相違は，時点に〈段階〉の意味を付与する様式が異なることから生ずる。文法カテゴリーとしてのテンスを有する日本語は，時間の流れに乗る形で事態を叙述するようにできており，「7時／7時半／8時」は時点を表すと同時に，「7時→7時半→8時」という時間の流れの中の〈段階〉も表す。そのため，時点を強調して予想外の気持ちを表すだけで，「より早い・遅い段階で事態が実現された」という意味の文になる。

　一方，無テンス言語である中国語は，時間の流れに乗る形で事態を叙述するようにはできていない。時点表現は時点を表すだけであり，「7時→7時半→8時」という時間の流れの中の〈段階〉を表すには，"就"，"才"を用いる必要がある。事態実現に必要な条件や労力が想定より軽い・重いことを述べることにより，「想定より早い・遅い段階で」という意味を表すわけである。

　類似の現象は条件複文にも観察される。中国語の文連接においては，命題間の意味関係が明らかな場合は接続表現を用いないことも多い。しかし，その一方で，「条件→帰結」という時間の流れにそった推移を述べる場合は，"就"を用いる必要がある。（"得 de"は動作の様態を表す要素を導く文法形式。）

(72) 你　说　得　慢　　点儿，我　就　　能　　听懂。
　　 あなた 話す de ゆっくり 少し　私　それで 可能　聞きとる
　　（ゆっくり話してくれると（それで）聞きとれる。）

（井上 2012a: 13）

"就"のない条件複文は、仮定が成立する場合と成立しない場合の対比にもとづく分類を述べるにとどまる。この場合、命題間の対応関係が述べられるだけで、時間の流れにそった推移の意味は含まれない。

(73) 你　　说　得　慢　　点儿，我　能　听懂；
　　　あなた　話す　de　ゆっくり　少し　私　可能　聞きとる

　　　说　得　快了，我　听不懂。
　　　話す　de　速い　　私　聞きとれない

　　　（ゆっくり話す場合は聞きとれ、はやく話す場合は聞きとれない。）

(井上 2012a: 14)

4.3.4　形容詞と程度

　日本語と中国語とでは、形容詞の性質が大きく異なる。日本語では、「今日は天気がよい」、「この絵は大きい」のように、形容詞が単独で個体の性質や状態を描写することができる。

　一方、中国語では、形容詞を単独で述語として用いた文は、(i) 事物の一般的性質を表す文（例74）、あるいは、(ii) 個体の性質や状態を他との対比・比較で述べる文（例75）になる。形容詞で個体の性質や状態を描写するには、"很"（とても・たいへん）による程度限定が必要である（例76）。

(74)　冬天　冷。（冬は寒い（そういう季節だ）。）
　　　冬　　寒

(75)　这个　大，那个　小。（これは大、あれは小。）
　　　これ　大　　あれ　小

(76) a.　今天　天气　很　　好。（今日は天気がよい。）
　　　　今日　天気　とても　よし

　　 b.　这幅　画　很　　大。（この絵は大きい。）
　　　　この　絵　とても　大

日本語と中国語の形容詞の性質の違いは，次のような同等比較文の意味について考えるとよくわかる。

(77) 这幅 画 跟 那幅 画 一样 大。(この絵はあの絵と同じ大きさだ。)
　　　この　絵　と　あの　絵　同じ　大

(77)が表すのは，「同じくらい大きい」ということではなく，「同じくらいの大きさがある」ということである。同等比較文に限らず，中国語の"大"は「大きさあり」ということしか表さない。「大きさあり」を「大きい」(=一定以上の大きさがある)にするためには，"很大"のように程度の意味を付与する必要がある。

文法カテゴリーとしてのテンスを有する日本語は，時空間の枠の中で事象を叙述するようにできており，形容詞も単独で具体的な時空間に存在する個体の性質や状態を描写できる。「大きい」も，具体的な時空間の中で「大きい」と言っている。形容詞自体に程度の意味が含まれると言ってもよい。これに対し，"大"には程度の意味が含まれない。それゆえ，個体の性質や状態を描写するには，程度副詞による程度限定が必要になる。

事物を比較する場合は，程度がわからなくても，「大-小」「暑-寒」のような分類はできる。中国語の形容詞が単独で述語になると比較・対照のニュアンスを含むのはそのためである。"冬天冷"(冬は寒い(そういう季節だ))も，季節の分類をしているだけだから，程度の限定は必要ない。

4.3.5 発話としての完結感

中国語の文には，「文法的だが発話としての完結感に欠ける」ということがしばしば見られる。たとえば，"我在新宿换上了快车"(私は新宿で快速に乗り換えた)という文は，文法的には問題ないが，これだけでは発話としての完結感が必ずしも十分でない。十分な完結感をともなう発話にするには，何か文を続けるか，場面変化を表す文末助詞"了$_2$"を用いる必要がある(井

上 2012a)。

(78) 我　在　新宿　换上了₁　　快车，车上　人　很　多。
　　　私　で　新宿　乗り換える‐完了　快速　車内　人　とても　多い
　　　(新宿で快速に乗り換え。人がとても多い。)　　　(井上 2012a: 21)

(79) 我　在　新宿　换上　　快车　了₂。
　　　私　で　新宿　乗り換える　快速　場面変化
　　　(新宿で快速に乗り換えました。)　　　(井上 2012a: 22)

同じように，"门开着"（ドアが開いている）も文法的には成立するが，これだけでは完結感が十分でなく，何か文を続けるか，場面保持を表す文末助詞"呢"を用いる必要がある。

(80) 门　开着，　里边　还　有　人。
　　　ドア　開く‐持続　中　まだ　いる　人
　　　(ドアが開いたままで，中にまだ誰かいる。)

(81) 门　开着　呢。(ドアが開いているよ。)
　　　ドア　開く‐持続　場面保持

「文法的だが発話としての完結感に欠ける」というのは，「文法的だが情景感に欠ける」ということである。文法カテゴリーとしてのテンスを有する日本語は，何か文を述べれば，それがそのまま情景の描写になるが，中国語では，単に文を述べるだけでは情景の描写にならず，事柄を具体的な文脈や場面の中に位置づける必要があるのである。

　以上，第4節では，日本語と中国語のアスペクトの基本的性格の違いが「文法カテゴリーとしてのテンスの有無」に起因すること，そして，日本語と中国語の間の種々の相違がテンスの有無と関連づけて説明できることを述べた。

5. 対照研究が通言語的研究に提供できること―まとめにかえて―

　第3節と第4節では,「テンス・アスペクト」に関する日本語と韓国語,日本語と中国語の対照研究を出発点として,「テンス・アスペクトを含む諸現象を支える特質」に関する日本語と韓国語,日本語と中国語の対照研究への展開について述べた。考察を通じて得られた知見のうち,以下のことは,日本語・韓国語・中国語以外の言語のテンス・アスペクトの研究,ならびにテンス・アスペクトに関する通言語的研究に対する重要なヒントになるだろう。

① いわゆる「過去形の発見用法」には,文字通り「発見」の気持ちを表すものと「過去の認識の更新」を表すものがある。
② 文法カテゴリーとしてのテンスを有する言語には,完成相形式の動的叙述性が強い言語と弱い言語がある。
③ 上記②と連動する形で,文法カテゴリーとしてのテンスを有する言語には,継続相形式の場面説明的な意味が強い言語と弱い言語がある。
④ 文法カテゴリーとしてのテンスを有する言語のアスペクトは「事象と時間の関係づけ方」に関する表現,文法カテゴリーとしてのテンスを持たない言語のアスペクトは「事象の形」に関する表現である。

　また,これらの事柄の背景にある「アニメーション型叙述／スライド型叙述」,「テンスの有無と個別具体的な出来事の叙述様式」ということも,テンス・アスペクト以外の現象に関する個別言語研究および通言語的研究をおこなう際のヒントになると思われる。
　このように,言語の対照研究,特に各個別言語の基本的特質を決定する（各言語の諸現象を背後から支えている）パラメータについて考える現象横断的な対照研究は,それぞれの言語の特性を深く知ると同時に,言語の普遍性と多様性について考えるためのヒントを見出す研究である。二つの言語の

現象をもとにして言えることには限界もある。また，比較対照する言語の組み合わせにより，各言語の特定の特性が強く浮かび上がってくる可能性もある。しかし，研究においては，未解決問題を解決することと，研究の次の一歩のためにヒントを提供することは同じくらい重要である。対照研究は，個別言語研究に対しては，それぞれの言語を深く理解するためのヒントを提供し，通言語的研究に対しては，言語の普遍性と多様性について考えるためのヒントを提供するという役割を担っているのである。

言及文献（ハングルは Yale 式ローマ字で表記）

春木仁孝（1993）「第2章　動詞のあらわすもの　時制・アスペクト・モダリティー」，大橋保夫他（著）『フランス語とはどういう言語か』pp. 143-168. 東京：駿河台出版社.

池上嘉彦（1982）「表現構造の比較―〈スル〉的な言語と〈ナル〉的な言語―」，國廣哲彌（編）『日英語比較講座4　発想と表現』pp. 67-110. 東京：大修館書店．［池上（1992）『詩学と文化記号論』（講談社学術文庫）pp. 272-340 に再録］

池上嘉彦（2000）『「日本語論」への招待』東京：講談社．［池上（2007）『日本語と日本語論』（ちくま学芸文庫）として再刊］

池上嘉彦（2003）「言語における〈主観性〉と〈主観性〉の言語的指標（1）」山梨正明他（編）『認知言語学論考』3, pp. 1-49. 東京：ひつじ書房.

池上嘉彦（2004）「言語における〈主観性〉と〈主観性〉の言語的指標（2）」山梨正明他（編）『認知言語学論考』4, pp. 1-60. 東京：ひつじ書房.

井上優（2012a）「テンスの有無と事象の叙述様式―日本語と中国語の対照―」，影山太郎・沈力（編）『日中理論言語学の新展望2　意味と構文』pp. 1-26. 東京：くろしお出版.

井上優（2012b）「言語場論からの接近―日本語から見た韓国語―」，野間秀樹（編）『韓国語教育論講座　第2巻』pp. 667-689. 東京：くろしお出版.

井上優・黄麗華（2000）「否定から見た日本語と中国語のアスペクト」『現代中国語研究』創刊・第1期，pp. 113-122. 京都：朋友書店.

井上優・金河守（1999）「名詞述語の動詞性・形容詞性に関する覚え書―日本語と韓国語の場合―」『筑波大学東西言語文化の類型論特別プロジェクト研究報告書（平成10年度Ⅱ）』pp. 445-470. つくば：筑波大学.

井上優・生越直樹（1997）「過去形の使用に関わる語用論的要因―日本語と朝鮮語の場合―」，国立国語研究所（編）『日本語科学』1, pp. 37-51.

井上優・生越直樹・木村英樹（2002）「テンス・アスペクトの比較対照―日本語・朝鮮

語・中国語―」，生越直樹（編）『シリーズ言語科学 4　対照言語学』pp. 125-159. 東京：東京大学出版会.
伊藤英人（1990）「現代朝鮮語動詞の過去テンス形式の用法について（1）―hayssta 形について―」『朝鮮学報』137, pp. 1-53.
影山太郎（1996）『動詞意味論』東京：くろしお出版.
金恩愛（2003）「日本語の名詞志向構造（nominal-oriented structure）と韓国語の動詞志向構造（verbal-oriented structure）」『朝鮮学報』188, pp. 1-83.
菅野裕臣（1986）「朝鮮語のテンスとアスペクト」『学習院大学言語共同研究所紀要』9, pp. 60-70.
木村英樹（1997a）「動詞接尾辞"了"の意味と表現機能」『大河内康憲教授退官記念　中国語学論文集』pp. 157-179. 東京：東方書店.［木村（2012）『中国語文法の意味とかたち』（白帝社）pp. 156-183 に再録］
木村英樹（1997b）「'変化'和'动作'」，余靄芹・遠藤光暁（編）『橋本萬太郎記念中国語学論集』pp. 185-197. 東京：内山書店.
木村英樹（2006）「「持続」・「完了」の視点を超えて―北京官話における「実存相」の提案―」『日本語文法』6-2, pp. 45-61.［木村（2012）『中国語文法の意味とかたち』（白帝社）pp. 137-155 に再録］
小柳智一（2014）「古代日本語研究と通言語的研究」，定延利之（編）『日本語学と通言語的研究との対話―テンス・アスペクト・ムード研究を通して―』pp. 55-82. 東京：くろしお出版.
工藤真由美（1995）『アスペクト・テンス体系とテクスト―現代日本語の時間の表現―』東京：ひつじ書房.
刘月华・潘文娱・故韡（2001）《实用现代汉语语法　增订本》北京：商务印书馆.［旧版 1983, 北京：外语教学与研究出版社：日本語訳：相原茂（監訳）『現代中国語文法総覧』東京：くろしお出版］
益岡隆志（1987）『命題の文法―日本語文法序説―』東京：くろしお出版.
生越直樹（1984）「日本語複合動詞後項と朝鮮語副詞・副詞的な語句との関係―日本語副詞指導の問題点―」『日本語教育』52, pp. 55-64.
生越直樹（1995）「朝鮮語 hayssta 形，hay issta 形（hako issta）と日本語シタ形，シテイル形」，国立国語研究所（編）『研究報告集』16, pp. 185-206. 東京：秀英出版.
尾上圭介（1999）「文法を考える 7　出来文（3）」『日本語学』18-1, pp. 86-93. 東京：明治書院.
渋谷勝己（2014）「方言研究と通言語的研究」，定延利之（編）『日本語学と通言語的研究との対話―テンス・アスペクト・ムード研究を通して―』pp. 97-145. 東京：くろしお出版.
鈴木重幸（1979）「現代日本語の動詞のテンス―終止的な述語につかわれた完成相の叙述

法断定のばあい―」，言語学研究会（編）『言語の研究』pp. 5–59. 東京：むぎ書房.［鈴木（1996）『形態論・序説』（むぎ書房）pp. 107–158 に再録］
高橋太郎（2003）『動詞九章』東京：ひつじ書房.
田窪行則（1990）「対話における知識管理について―対話モデルからみた日本語の特性―」，崎山理・佐藤昭裕（編）『アジアの諸言語と一般言語学』pp. 837–845. 東京：三省堂.［田窪（2010）『日本語の構造―推論と知識管理―』（くろしお出版）pp. 147–159 に再録］
塚本秀樹（2009）「日本語と朝鮮語における複合動詞再考」，油谷幸利先生還暦記念論文集刊行委員会（編）『朝鮮半島のことばと社会』pp. 313–341. 東京：明石書店.［塚本（2012）『形態論と統語論の相互作用―日本語と朝鮮語の対照研究―』（ひつじ書房）pp. 201–243 に再録］
梅田博之・村崎恭子（1982）「テンス・アスペクト―現代朝鮮語―」『講座日本語学 11 外国語との対照Ⅱ』pp. 40–60. 東京：明治書院.
鷲尾龍一（1997）「比較文法論の試み―ヴォイスの問題を中心に―」，筑波大学現代言語学研究会（編）『ヴォイスに関する比較言語学的研究』pp. 1–66. 東京：三修社.

第4章
井上論文へのコメント

アンドレイ・マルチュコフ

1. はじめに

　井上論文は，私にとってたいへん興味深く独自性に富むもので，多くのことを私に教えてくれました。以下，大きく分けて2つのことを質問します。

2. 言語研究のアプローチについて

　井上論文では最初に，言語研究のアプローチについて「言語横断的」な志向性と「現象横断的」な志向性があると述べられています。これは，「通言語的なカテゴリーから出発するアプローチ」と「当該言語内で現象をとらえるアプローチ」と言い換えてもよいと思います。

　類型論者も，もちろんこの2つが必要だと考えています。Haspelmath (2010) も，「類型論では通言語的な概念を使わざるをえないが，これは，各言語における現象が同じだとか，文法が普遍的だということではない」ということを強調しています。実際，格やテンス，ムードといった現象が言語間で完全に同じということはありえません。

　コムリーやバイビー，ハスペルマスなどの研究では，"Russian Imperfective aspect", "German Subjunctive mood", "Japanese Perfect" のように，文法カテゴリーの頭文字を大文字で書いて固有名詞のように扱いますが，これも各言語の固有性を強調するためです。

しかし，その一方で，ハスペルマスが言うように，言語対照のアプローチでは，一般的な理想化された概念を使わざるをえません。そうしなければ，言語の記述は互いに翻訳不可能になり，「言語一般」については何も言うことができなくなってしまいます。言語研究で「一般的な理想化された概念」を用いることの意義について，井上さんの考えをうかがいたいと思います。

3. 現象間の依存関係について

井上論文では，もう一つ「現象間の依存関係」についても問題提起があったと思います。

井上さんは，日本語と中国語のさまざまな違いが「文法カテゴリーとしてのテンスの有無」という違いに還元されるという見方を示されました。私も，ある種の構造的特性が他の特性を促進したり抑制したりすることは，さまざまな言語で繰り返し生じていると考えています。

言語学の主要な目的は，現象間の依存関係を明らかにすることです。それは個別言語の深い研究だけでなく，類型論においても，グリーンバーグの時代から「含意の普遍性」という形で言われていますし，生成文法でも，Baker (2002) が「(マクロ) パラメータ」ということを言っています。井上論文で言う「テンスの有無」に関わる日本語と中国語の違いは，私ならおそらく Bhat (1999) の言う「テンス卓越言語／アスペクト卓越言語」と結びつけて考えると思いますが，とらえようとしていることは似ていると思います。その意味で，私は井上さんの企てに共感を覚えます。

そのことをふまえたうえで，2つのことをうかがいたいと思います。

第一の問題は，現象どうしの依存関係も，その背後にある動機も，広範な通言語的研究によってさらに究明される必要があるということです。井上さんも言語対照の目標に「言語の普遍性と多様性について考えるための観点の発見」ということをあげていらっしゃいますが，井上さんが日本語，中国語，韓国語をもとに見出された概念や枠組みが，どの程度通言語的に有効で

あるかを検証する必要があるということです。

　第二の問題は，現象間の依存関係が何に由来すると考えるか，という問題です。井上論文で述べられているのは「ある基底の構造特性の違いが他のさまざまな形式的な区別を引き起こす」という話ですが，別の見方もできるように思います。たとえば，日本語の「ている」に見られるような多義性は中国語や韓国語の継続形には見られませんが，そのような，ある種の形式や特性の利用可能性がそれぞれの言語の歴史に反映されており，それが概念的なカテゴリーを生成しているという可能性です。この問題は現代の言語学ではまだ解決できないと思いますが，どちらの見方をとるかで，「現象間の依存関係」の見え方はずいぶん違うのではないかと思います。

　この2つの問題について，井上さんの考えをうかがいたいと思います。

4. 個別言語研究，対照研究，類型論的研究の関係について

　私にとって，個別言語研究，対照研究，そして類型論的研究は言語研究の異なった段階を表すものです。個別言語の分析から出発し，そこで得た仮説を他の言語に拡張するのが対照言語学であり，語族や地域を異にする広範な言語を視野に入れて検証するのが類型論的研究ということです。

　この中で，個別言語研究はそれに続く研究の基礎となるものです。仮説が最初に構築されるのは個別言語の分析にもとづくことが多いからです。たとえば，私は日本語の「タ」の「発見」用法と「過去の認識の更新」用法を別物と考えたことはなかったのですが，日本語と韓国語の違いからするとそれらは別物になります。このようなキメの細かい分析は類型論的研究においても有益です。

　また，類型論的な調査は研究の最終段階ではありません。ある依存関係が通言語的に検証された場合，次に「なぜそうなるか」という説明が必要になるからです。もしかしたら，その説明は，日本語，韓国語，中国語に関する井上論文で提案されているように，概念的なプロファイルにそった形でなさ

れるものかもしれません。

言及文献

Baker, Mark C. (2002) *The atoms of language: The mind's hidden rules of grammar*. Oxford: Oxford University press.

Bhat, D. N. S. (1999) *The prominence of tense, aspect, and mood*. Amsterdam; Philadelphia: John Benjamins.

Haspelmath, Martin (2010) Comparative concepts and descriptive categories in cross-linguistic studies. *Language* 86-3, pp. 663–687.

第4章

マルチュコフ氏への返答

井上 優

1. はじめに

　マルチュコフさんのコメントに対して，研究の内部事情についても少しふれながら，私の考えを述べたいと思います。

2. 一般的な理想化された概念について

　まず第1点，「言語対照のアプローチでは，一般的な理想化された概念を使わざるをえない」というのはそのとおりです。私もそうしています。
　たとえば，私が日本語と韓国語の過去形の対照をする時は，「『タ』と『-ess-』はともに過去（発話時以前）を表す」としたうえで，両者の違いを「事象を過去扱いできるタイミングの違い」という形で説明します。「発話時以前」という一般的な理想化された概念と「事象を過去扱いできるタイミング」というパラメータを組み合わせて，過去形の意味の類似と相違を記述・説明するわけです。個別言語研究の感覚からすると，「『タ』と『-ess-』はともに過去を表す」としたうえで対照するのは順番が逆という感じもしますが，実際は「『タ』と『-ess-』はともに過去を表す」と考えたほうが，両者の類似と相違を具体的にとらえることができます。
　言語対照において重要なことは，「まずは比較対照しやすい形で比較対照をおこない，類似と相違をできるだけ具体的な形でとらえる」ことです。そ

して，そのためには，「発話時以前」のような一般的な理想化された概念を基盤に考えることは有効であり，また必要です。一般的な理想化された概念を使うことは，それをもとに各個別言語の個別的特徴を浮かび上がらせるということであり，各個別言語の個別的特徴を捨象するということではありません。この点はここで強調しておきたいと思います。

3. 対照研究から通言語的研究への展開について

　第2のご質問には2つの問題が含まれていました。

　まず，1点目の「日本語，中国語，韓国語をもとに見出された概念や枠組みがどの程度通言語的に有効であるかを検証することが必要だ」という点ですが，この点については，まったくそのとおりです。対照研究により見出された概念や枠組みは広範な通言語的研究でさらに究明されるべきです。

　ただ，今までのところ，それは実現に至っていません。その最大の理由は，論文にも書きましたが，中国語，韓国語については自分なりにある程度具体的なイメージを持っていますが，それ以外の言語については具体的なイメージを持つに至っていないことにあります。

　私にとって中国語，韓国語の母語話者や研究者は身近な存在であり，彼らとの議論を通じて，自分の中で中国語，韓国語に関するイメージが形成されてきました。それが私の対照研究の基盤となっています。逆に，中国語，韓国語と同程度に具体的なイメージが持てない言語は対照研究の対象にできません。

　特に私の場合は，ある意味で「ニュアンス」に近い部分を扱っているので，疑似的であれ，母語話者の感覚について自分なりにイメージできなければ研究が成立しません。研究のスタイルがそうなので，私にとっては，対照研究により見出された概念や枠組みを「広範な通言語的研究でさらに究明」するのはハードルの高い課題なのです。

　しかし，そうとばかりも言っていられないので，中国語，韓国語以外の言

語についても，いろいろな人と議論をしながら，自分なりに具体的なイメージをつくっていきたいと思っています。

4. 現象間の依存関係について

　次に，2点目の「言語学の主要な目的は，現象間の依存関係を明らかにすることである」というのも，そのとおりだと思います。また，このように考えることは，個別言語研究，言語対照研究，類型論的研究をつなぐうえで非常に重要です。

　ただし，「現象間の依存関係」の見え方は見方によってずいぶん違うことにも注意が必要です。マルチュコフさんのコメントの中に，「ある基底の構造特性の違いが他のさまざまな形式的な区別を引き起こす」と見るか，「ある種の形式や特性の利用可能性がそれぞれの言語の歴史に反映されており，それが概念的なカテゴリーを生成している」と見るかということがありましたが，そのようなことを言われるのも，どちらの見方をとるかで「現象間の依存関係」の見え方が違ってくるからです。

　マルチュコフさんがおっしゃる2つの見方は，特に文法の変化を考えるうえで重要な問題ですが，「鶏が先か卵が先か」というところもあって，私自身はこの問題についてまだうまくイメージできずにいます。

　方法論ということで言えば，私がむしろ重要だと考えているのは，「現象間の依存関係について考える場合は常に言語の類型を念頭に置く」ということです。つまり，ある範疇について同じ類型に属すると見られる言語は，いかに相違点が多くても，同じ枠組みの中でその相違を説明する，逆に，ある範疇について異なる類型に属すると見られる言語は，たとえ類似点が多くても，その類似は別のメカニズムによって支えられていると見るということです。

　たとえば，テンスに関しては，日本語／韓国語は有テンス言語であり，中国語は無テンス言語と考えますから，テンスに関係すると見られる現象につ

いては，日本語と韓国語は同じ枠組みの中で類似と相違を説明し，日本語と中国語は別の枠組みの中で類似と相違を説明することになります。今回の私の論文はまさにそういう話です。また，このような基本方針のもとで考えることは，個別言語を一つの統一体として見るために重要なことだと思います。

第4章
再コメント

アンドレイ・マルチュコフ

1. はじめに

井上さんから寄せられた3つのご返答について，再びコメントしたいと思います。

2. 言語記述のための概念について

第1の質問について，井上さんと私は意見がよく一致しており，食い違ってはいないと思います。特に，比較概念ときめ細かな言語記述がともに必要であると認める点で我々は同意見です。

ただ，私はここで，特定の言語で感知された特定の特徴（パラメータ）がしばしば，通言語的に（理想的な形ではないにしても）繰り返し現れてくるということを強調したいと思います。

たとえば，井上論文の日韓対照で有効に活用されている「どの時点からデキゴトを過去扱いできるか」というパラメータは，私の考えでは，ヨーロッパの諸言語のテンス・システムの記述に重要であることが判明している，ライヘンバッハの「参照時点」や，クラインの「トピック・タイム」と類似性を持っているように見えますが，これらの概念の間には重要な違いもあるかもしれません。

ここで私が強調したいのは，個別言語の深い研究で見出された小さな区別

は，その言語に有用なだけではなく，通言語的にも有用であることもよくあるので，最終的には通言語的な類型論的研究に行き着かねばならないということです。この具体的なケースに即していえば，テンスに関わる類型論的な調査には，井上さんの枠組みでとらえられている日韓のテンス・システムの違いをとらえられるような文や文脈がなければならないということです。

3. パーシャルな類型論と全体的類型論

次に，第2の質問の1点目について言えば，井上さんがやってこられた対照研究というのは，現在主流をなしている類型論とは違って，フンボルトが「言語の特性」(the genius of language) と呼んだもの（特定の言語の気風，風潮，独自性）をつかまえようとするものではないかと思います。

この違いは，アプローチのスタイルの違いと言える部分もありますが，それだけでなく，アプローチのスコープの違いの部分もあります。井上さんのアプローチは（プラーグ学派の，あるいは G. A. クリモフの研究における「contensive 類型論」のような）「全体的類型論」の考え，つまり1言語の文法システムをタイプ分けし，さまざまな下位システム間の相互依存性を強調する考えに近いのではないかと思います。

現在では，類型論的研究の多くは「パーシャルな類型論（特定の下位システムの探求）」に焦点をあてており，このほうが通言語的研究を実際におこなうのは簡単です。しかし，願わくば，類型論は，新しい全体的類型論という，より野心的な目標に再び戻ってほしいものです。

全体的類型論の難しい点は，個別言語の深い洞察に富む分析を通言語的にいかに実行するかです。つまり，個別言語の基本的特質を決める特性を把握するプロセスは，個別言語のシステムの特徴を正当に扱い，パーシャルな類型論の成果をより豊かにしてくれるものですが，このプロセスを他の研究者も同じようにできるようにどのように手順化していくかが問題だということです。

4. 言語研究に対する基本的態度について

　最後に，第2の質問の2点目についてですが，一般的な構造特性（全体構造）を共有する言語を比較することが適当だという点で，私は井上さんと同意見です。また，言語どうしの類似性が，さまざまな事情から生じてくる表面的なものでありうるということにも同意します。

　その一方で，意味で決定され，言語ごとの表現のしかたとあまり関係しない特徴は，言語間である程度似ているかもしれません。

　たとえば，Malchukov (2011) では，一つの形式が担いうる文法カテゴリーの不適切な（意味的に衝突をきたす）組み合わせ（たとえば，'現在テンス＋パーフェクトのアスペクト'）について論じました。その中で，私は，文法カテゴリーの組み合わせが忌避される場合は，それがどのような形式で表されているか（たとえば，パーフェクト・アスペクトがロシア語ではアスペクト形式で表され，フィンランド語では格の交替で表されるなどということ）とは独立に忌避されていると提案しています。

　しかしながら，究極的には，我々は「言語学における進展は，通言語的研究ときめ細かな個別言語研究の組み合わせによっている」と考えている点において基本的態度を井上さんと共有しています。先に述べたように，このような認識は，「通言語的研究は言語固有のカテゴリーの独自性を否定するものではない」と強調する多くの類型論者に共有されています。そして，多くの類型論者もまた，どのような単一言語もそれ独自の枠組みを必要とするという結論を歓迎するでしょう。Haspelmath (2010) も，通言語的分析から独立した枠組みを擁護する論の中で，次のように強調しています。

> I would be happy to accept the possible view (which I have not seen expressed by anyone) that a description of a language necessarily involves a framework, but that it could (and should) be a different framework for each language. This would be equivalent to what I am proposing, (略)

((そのような考えが表明されているのは見たことがないが)「言語の記述には必然的に枠組みが必要だが，その枠組みは言語ごとに違っていてもよい（あるいは違っているべきだ）」という考えは喜んで受け入れたい。それは私が提案しようとしている考えと同じである。)

言及文献

Haspelmath, Martin (2010) Framework-free grammatical theory. In: Bernd Heine & Heiko Narrog (eds.) *The Oxford handbook of linguistic analysis*, pp. 341–367. Oxford: Oxford University Press.

Malchukov, Andrej (2011) Interaction of verbal categories: Resolution of infelicitous grammeme combinations. *Linguistics* 49-1, pp. 229–282.

索 引

A〜Z

auditoty 70
"不" 194
"才" 197, 198
deontic modality 58
epistemic modality 58
firsthand 71
hayss-ta 180, 181
hearsay 71, 72
"很" 199
irrealis 62
"就" 197, 198
"了" 190, 191
"没" 194
mirative 154
non-visual sensory 71
past 64
perfective 66
realis 76
reported 71
resultative 64
visual 70
will 57
"着" 190, 191

あ

アスペクチュアリティ 56, 63, 68, 69, 78
アスペクト 56, 74, 78
アスペクト－エビデンシャルのねじれ 148, 155
アスペクト卓越言語 208
アニメーション型 183
アニメーション型叙述 183, 184, 186, 187, 188, 202
「アニメーション（コマ送り）」的な叙述 179
アメレ語 8
「あり」 56, 66, 74, 76, 78, 79, 84, 89
アルタイ系 92
アンバランスな周圏分布 137
意志 62
一方向性 137, 138
意図成就 184
意味 98
意味マップ 10, 57
居ル系動詞 109, 118
動き動詞 109, 110
ウチナーヤマトゥグチ 103
ウラル・アルタイ語族 85
ウラル語族 84
宇和島方言 103
詠嘆 69
エビデンシャリティ 56, 63, 67, 68, 69, 71, 77, 78, 92
エビデンシャル 56, 70, 71, 74, 79, 85, 103, 148, 149, 155
エビデンシャルなマーカー 150, 151

エビデンシャルのねじれ 33
婉曲 73
思い出し 106, 113, 147

か

回想 106, 149, 156
過去 64, 65, 67, 117, 149, 156
過去の認識の更新 173
含意スケール 158
含意の関係 150, 157
完結感 200
(間)主観性 149
完成相 177, 178
関与受動 186
完了 66, 67, 110, 118, 156, 157
「き」64, 65, 67, 68, 69, 78
「来あり」74
記憶の検索 107, 156
希求 62
既実現・現実 76, 78
期待外 13
気づき 123
機能語化 57, 60
キャラクタ 16
屈折語 92
グロットグラム 137
ケ
　江戸語のケ 124
　静岡県方言のケ 125
　仙台市方言のケ 128
　種子島方言のケル 128
　東京方言のケ 105
　山形市方言のケ 108

経験回想 69
継続相 177, 178
形容詞 199
ケチュア語 33
結果継続 64, 65, 67
結果相 99, 101
「けむ」76
「けり」56, 65, 66, 67, 68, 69, 70, 74, 78
ケリ 104, 121
言語横断的 165, 207
言語対照 14
言語地理学 97
言語類型地理論 135
現実性 103, 118
現象横断的 165, 207
現象間の依存関係 208, 209, 213
現代朝鮮語 70
構造主義 97
膠着語 91
五所川原方言 103
古代日本語 55
コピュラ 84, 89, 92
コミュニケーション行動 24
コムリー 92
孤立語 92
コンバーブ 92

さ

シェルパ語 33
視覚的エビデンシャル 84, 89
時間的限界性 103

事前の思いまどい 22
事前の思いまどい効果 22
「シタ」177, 180
実現想定区間内 7
「シテイタ」177, 180
「シテイル」177, 179
「シテイル／シテイタ」189
周圏分布 137, 158
小辞 152
状態 193
状態変化 19
状態用言 109, 117, 157
進行相 99, 100
推定 72, 73
推量 62
スライド型 183
スライド型叙述 183, 184, 186, 187, 202
「スライド(紙芝居)」的な叙述 179
「スル」177, 179
「スル／シタ」189
静的事象 18
接辞 61
前景 9
「そうだ」71
束縛的モダリティ 58

た

「た」66, 70
「タ」172
体感 18
体験 11

体験者 32
体験者と環境とのインタラクション 16
対照研究 165
対照枠 127, 130
「たり」66, 74, 76, 78
段階性 197
断言回避 73
探索 16
探索意識 16
探索課題 16
探索領域 16
談話標識 150
知識 11
知識修正の「た」12
中国語 20
中国語ピジン化したロシア語 33
聴覚的エビデンシャル 84, 88
聴覚ムード 84
直接入手 71
「つ」78
通言語的研究 55, 80, 165
ツカノ語 33
ツングース諸語 92
「てあり」74
提題助詞 188
「ている」77, 84
「デキタ」184
伝承回想 67
テンス 56, 74, 78
テンス卓越言語 208
テンスマーカー 117, 157
テンスマーキング 150

伝聞 71, 72, 148, 153
テンポラリティ 56, 63, 68, 78
伝来 65, 68
動作 19, 193
動作名詞＋ダ 187
動詞的表現 186
動態論 134
動的叙述性 178, 180
トルコ語 13, 67

な
「なり」 56, 70, 71, 72, 74, 76, 79, 84, 88
認識的モダリティ 58
「ぬ」 78
ネネツ語（Nenets） 84

は
背景 9
排除受動 186
発見 69, 70, 123, 167, 168, 172, 202, 209
発見の「た」 8
発話キャラクタ 29
場面説明的 181, 182
バルカン諸語 92
反実仮想 5
反実仮想の「た」 5
非現実 62
漂白化 104
頻度語 17
風聞 72
複合動詞 185

聞音 70, 71
分詞 85
文法化 57, 83, 92
文法カテゴリーとしてのテンス 189, 201, 208
文法化の道筋 10
文法化のルート 127, 130, 133, 149, 156
文末詞 154
文末助詞"了₂" 200
文末助詞"呢" 201
文脈 149, 156
「べし」 75
変化 193, 196
変化動詞 19
方言区画論 97
『方言文法全国地図』 99
報告 110, 113, 147, 149, 153

ま
（マクロ）パラメータ 208
「まし」 75, 78
「ましじ」 75
未完了 110, 118, 157
未実現 62
未実現・非現実 78
未然形 87
「みゆ」 70, 72, 84
ミラティビティ 56, 63, 69, 78
ミラティブ 8, 56
「む」 56, 60, 61, 62, 63, 78, 83, 87, 91
ムード 56, 78, 98
ムードの「た」 7

無テンス言語 190, 197
「むとす」 58, 59, 91
名詞的表現 186
「めり」 56, 72, 73, 74, 76, 79, 84
モーダル化 124
モーダルなマーカー 150, 151
目撃 70, 71, 72, 73
目撃以外の知覚 71
目睹回想 67, 69
モダリティ 55, 78, 98

や
役割語 23
用語 147
用法 98

ら
「らし」 75
類型論 102, 134, 151

編著者紹介(論文掲載順,*は編者)

定延利之*(SADANOBU Toshiyuki)

大阪府出身。京都大学大学院文学研究科博士後期課程修了。博士(文学)。神戸大学教養部講師,国際文化学部講師,助教授,教授を経て,現在神戸大学大学院国際文化学研究科教授。著書・論文に『日本語社会 のぞきキャラくり』(三省堂,2011),『煩悩の文法』(筑摩書房,2008),『日本語不思議図鑑』(大修館書店,2006),『ささやく恋人,りきむレポーター』(岩波書店,2005),『認知言語論』(大修館書店,2000),『よくわかる言語学』(アルク,1999),"Evidential extension of aspecto-temporal forms in Japanese from a typological perspective"(共著,*Cahier Chronos* 23, 2011)などがある。

アンドレイ・マルチュコフ(Andrej MALCHUKOV)

レニングラード(現サンクトペテルブルグ)出身。レニングラード国立大学大学院修了。博士。ロシア科学アカデミー言語学研究所に在籍しつつ,アントワープ大学,ニーメーゲン大学研究員を経て,現在はマックス・プランク進化人類学研究所主任研究員,マインツ大学教授。著書・論文に *Nominalization/verbalization* (Lincom Europa, 2004), "Tense, aspect, and mood based differential case marking"(共著, *Lingua* 121-1, 2011), *Studies in ditransitive constructions* (共編著, De Gruyter Mouton, 2010)などがある。

小柳智一(KOYANAGI Tomokazu)

東京都出身。国学院大学大学院文学研究科博士課程後期修了。博士(文学)。福岡教育大学教育学部准教授を経て,現在,聖心女子大学文学部准教授。著書・論文に『日本語文法の歴史と変化』(共著,くろしお出版,2011),「機能語生産―文法変化の種類Ⅰ―」(『国語研究』76, 2013),「文法制度化―文法変化の種類Ⅱ―」(『聖心女子大学論叢』121, 2013),「文法的意味の源泉と変化」(『日本語学』32-12, 2013)などがある。

渋谷勝己(SHIBUYA Katsumi)

山形県出身。大阪大学大学院文学研究科博士後期課程中退。学術博士。梅花女子大学講師，京都外国語大学助教授等を経て，現在大阪大学大学院文学研究科教授。著書・論文に『シリーズ日本語史4 日本語史のインタフェース』(共著，岩波書店，2008)，『旅するニホンゴ―異言語との出会いが変えたもの―』(共著，岩波書店，2013)，「多言語・多変種能力のモデル化試論」(『コミュニケーション能力の諸相』ひつじ書房，2013)などがある。

井上優(INOUE Masaru)

富山県出身。東京都立大学大学院人文科学研究科博士後期課程中退。文学修士。国立国語研究所を経て，現在麗澤大学外国語学部・大学院言語教育研究科教授。著書・論文に『日本語文法のしくみ』(研究社，2002)，『相席で黙っていられるか―日中言語行動比較論―』(岩波書店，2013)，「モダリティ」(『シリーズ方言学2 方言の文法』，岩波書店，2006)などがある。

日本語学と通言語的研究との対話
―テンス・アスペクト・ムード研究を通して―

| 発　行 | 2014年6月10日　　初版第1刷発行 |

編　者　　定延利之

装　丁　　折原カズヒロ

発行所　　株式会社　くろしお出版
　　　　　〒113-0033　東京都文京区本郷3-21-10
　　　　　TEL: 03-5684-3389　　FAX: 03-5684-4762
　　　　　URL: http://www.9640.jp　e-mail: kurosio@9640.jp

印刷所　　シナノ書籍印刷株式会社

©Toshiyuki SADANOBU 2014　Printed in Japan
ISBN 978-4-87424-624-5　C3081
●乱丁・落丁はおとりかえいたします。本書の無断転載・複製を禁じます。